에이콘출판의 기틀을 마련하신 故 정완재 선생님 (1935-2004)

삶은 속도가 아니라 ─ 방향이다

Copyright ⓒ ACORN-ON Co., 2025. All rights reserved.

이 책은 ㈜에이콘온이 저작권자 수영, 전성민과 정식 계약하여 발행한 책이므로
이 책의 일부나 전체 내용을 무단으로 복사, 복제, 전재하는 것은 저작권법에 저촉됩니다.
저자와의 협의에 의해 인지는 붙이지 않습니다.

삶은 속도가 아니라 방향이다

쉼 없는 분주함 속에서
미처 깨닫지 못했던 소중한 것들

수영, 전성민 지음

추천시

우리는 지금 삶의 교차로에 서 있네
우리 삶이 종착역에 다다랐다고 생각하며.
그러나 삶은 아직 끝나지 않았다네
신은 우리를 위해 더 큰 그림을 준비했네
지금 우리는 잠시 삶의 모퉁이를 돌고 있을 뿐—

신이 우리를 위해 마련한 길은 끝없이 이어지는 부드러운 길
그 길에서는 노래 부르는 것을 잠시 쉬어도 좋으리
노래하지 않고 가는 그 길은
어쩌면 인생의 가장 달콤하고 풍요로운 구간일지도—

그러니 느긋하게 휴식을 취하세
그럼으로써 더 강해진다네
길을 떠나세, 무거운 짐은 신이 함께 질 것이니
당신의 일과 삶은 아직 끝나지 않았네
이제 겨우 모퉁이를 돌고 있을 뿐—

— 헬렌 슈타이너 라이스 Helen Steiner Rice, 〈인생의 코너길〉

LIfe is not a speed but a direction

시작하면서

이야기 하나. 사람들은 흔히 삶에서 누가 먼저 앞서나가는지가 중요하다고 말하곤 한다. 하지만 시작은 그저 시작일 뿐이다. 예컨대, 많은 사람으로부터 존경과 부러움을 받았던 소설가 박완서의 등단은 '마흔'이었다. 또한, 프랑스 문학 사상 가장 위대한 작가로 꼽히는 빅토르 위고Victor Hugo가 《레미제라블》을 발표한 것 역시 그의 나이 예순이었을 때였다. 《반지의 제왕》은 존 로널드 로웰 톨킨J.R.R. Tolkien이 예순둘에 발표한 작품이며, 알프레드 히치콕Alfred Hitchcock은 예순하나에 필생의 역작 《사이코》를 완성했다. 이렇듯 **우리가 기억하는 것은 그들이 남긴 작품이지 그들의 시작이 아니다. 그런데도 대부분 사람은 가고자 하는 방향으로 나아가기보다는 어디건 일찍 도착하기만을 바란다.**

이야기 둘. 나이 '마흔'이 "너무 늦었다"라고 말하는 사람들이 간혹 있다. 사람의 인생을 아흔으로 생각하고, 이를 축구경기에 비교하면 아직 전반전도 채 끝나지 않았는데도 말이다.

삶은 속도가 아니라 방향이다

아직 전반전 5분과 후반전 45분이 고스란히 남아 있다. 그러니 **지금까지 몇 골을 허용했다고 해도 작전만 제대로 세운다면 남은 시간 동안 얼마든지 만회할 수 있다.** 잘만하면 통쾌한 역전승의 기쁨을 만끽할 수도 있다. 중요한 건 속도가 아니라 방향이다.

이야기 셋. "현재 우리가 겪는 대부분 스트레스와 불안은 모든 것이 너무 지나치기 때문"이라는 말이 있다. 그도 그럴 것이 살면서 우리는 무수한 선택과 욕망 사이에서 자주 갈등하곤 한다. 도대체, 뭘, 얼마나 이루겠다고 그런 욕심을 품는 것인지…. 생각만 해도 숨이 턱 막힌다.

 삶은 마라톤과도 같다. 수많은 오르막과 내리막이 있고, 직선보다는 곡선의 길이 훨씬 많은. 누구나 그 길 위에서 수없이 넘어지고 다친다. 그때마다 우리가 해야 할 일은 툭툭 털고 일어나서 다시 열심히 달리는 것이다. 목표와 방향만 분명하다면 잠시 쉬었다 가도 괜찮다. 시간은 아무런 문제가 되지 않기 때문이다. 삶은 속도가 아니라 방향이다.

개정판을 펴내면서

그가 사라진 것은 고등학교 2학년 겨울방학이 끝나기 일주일 전이었다. 시골에서도 워낙 작은 마을이다 보니, 본의 아니게 그의 가출 소식은 마을에서도 적잖이 화제가 되었다. 그보다 나이로는 세 살 아래였지만, 학교로는 2년 후배였던 나는 전에 없던 그의 돌출 행동에 적잖이 충격을 받았다.

전성민. 그의 이름이다. 현재 그는 목회자가 되어 아프리카에서 19년째 빈민 구호와 봉사활동에 전념하고 있다. 한때 그는 외국계 은행에서 능력을 인정받던 이른바 '잘 나가는 직장인'이었다. 그랬던 그가 어느 날, 직장을 그만두고 네팔로 떠난다는 소식을 전해왔다. 또 한 번의 돌출 행동이었다. 그러나 그의 돌출 행동은 거기서 끝나지 않았다.

일 년 후 네팔에서 돌아온 그는 목회자가 되어서 불쌍한 이들을 돕고 싶다며, 재취업 대신 신학교에 입학했다. 그리고 막 출판사를 시작한 내게 아이템을 하나 제안했다. 그러면서 혼자서는 책을 쓸 시간도, 용기도 없으니 다른 사람과 함께 집필하고 싶다고 했다.

《삶은 속도가 아니라 방향이다》는 그렇게 해서 기획되었고, 일사천리로 진행되는 듯했다. 하지만 웬걸, 4년이라는 시간이 흘렀지만, 원고가 절반도 채 진행되지 않았다. 더욱이 그는 신학교 3학년을 마친 후 아무 말 없이 아프리카로 다시 떠나버렸다. 그것도 한 번 연락하려면 긴 인내심을 갖고 기다려야 하는 곳으로.

모든 것이 공중으로 붕 뜬 느낌이었다. 아니, 그 정도면 그쯤에서 책 출간을 포기하는 것이 옳았다. "책도 출판사와 인연이 있어야만 출간할 수 있다"라는 출판계에 떠도는 말이 맞는 듯 싶었다. 그런 점에서 볼 때 나와 그 책은 인연이 아니라는 생각이 들었다. 아무리 책의 콘셉트가 좋고, 사람 좋은 선배라도 안 되는 것은 안 되는 것이었다. 아쉽지만, 접어야만 했다. 그렇게 해서 일 년여의 시간이 다시 흘렀다.

그러던 어느 날, 그로부터 메일이 한 통 도착했다. 원고가 마무리되었다는 말과 함께, 오랫동안 기다리게 해서 미안하다면서 뒷일을 잘 부탁한다고 했다. 순간, 멍했다. 이건 또 어떻게 해야 하나 싶었다. 일 년여의 출간 일정을 이미 짜놓은 뒤였기 때문이다.

방법은 두 가지였다. 다른 책의 출간 일정 사이에 끼워 넣던지(대부분 이렇게 출간되는 책은 출판사에서도 큰 욕심 없이 출간 자체에 의미를 두는 경우가 많다), 출간 일정을 다시 짜는 것이었다. 다시 말해, '그 책을 포기하느냐, 다른 책을 포기하느냐'라는 힘든 결정을 해야만 했다.

고심 끝에 나는 후자를 택했다. 아니, 그가 지금까지 보여준 삶이 그렇게 하도록 했다. 그만큼 그는 누구보다도 삶을 진지하게 바라봤으며, 끊임없이 자신을 돌아보고, 다른 사람을 돌볼 줄 아는 마음 따뜻한 사람이었다.

책 속에도 그의 그런 삶을 고스란히 담고 싶었다. 그 결과, 제목은 애초 기획 아이템의 핵심 메시지였던 '삶은 속도가 아니라 방향이다'를 그대로 사용했다. 그러다 보니 '쉼 없는 분주함 속에 미처 깨닫지 못했던 소중한 것들'이란 부제가 자연스럽게 따라 나왔고, 출간 역시 일사천리로 진행되었다.

다행히 책은 출간 후 많은 사람으로부터 호평받았을 뿐만 아니라, 2년 가까운 기간 동안 온·오프라인 서점에서 베스트셀러 자리를 굳건히 지켰다.

《삶은 속도가 아니라 방향이다》가 출간된 지 어느덧 10여 년이 훌쩍 지났다. 그동안 책은 수많은 사람으로부터 사랑받았고, 다수의 도서관과 정부기관, 언론의 추천도서로 선정되기도 했다. 분에 넘치는 사랑이었다. 출판사가 들인 노력에 비하면 정말 미안할 정도였다. 두 명의 저자 역시 같은 입장을 견지했고, 매우 부끄러워했다. 특히, 이왕이면 많은 사람에게 책을 알리기 위해서 중학생 수준 정도의 독자에 맞춰서 글을 쓰다 보니, 내용이 매우 평이할 뿐만 아니라 단조로운 감이 있었다며, 기회가 된다면 글을 좀 더 추가하고 예쁘게 다듬고 싶다고 했다.

　개정판의 출간은 이미 그때 정해졌다. 다만, 언제 출간하느냐가 문제였다. 출판사 입장에서는 굳이 잘 팔리는 책을 절판해서 모험할 이유가 전혀 없었기 때문이다. 그러던 중 한 독자로부터 한 통의 전화를 받게 되었다. 교회 목사님의 추천으로 책을 봤다는 독자는 지인들에게 책을 선물하고 싶다고 했다. 하지만 근래 보기 드문 단체구매에 들뜬 것도 잠시, '이 책이 아직도 많은 독자에게 사랑받고 있구나'라는 생각이 들었다. 그리고 많은 고민 끝에 이번 기회에 내용을 좀 더 다듬고 보충해서 개정판을 출간하기로 했다.

　그런 점에서 볼 때 개정판은 저자들의 그런 바람과 미안함, 책의 완결성에 대한 출판사의 욕심, 독자의 한없는 사랑이 만든 결과물인 셈이다.

　바쁜데도 불구하고, 개정판이 출간되기까지 고생해주신 두 분 저자에게 다시 한번 감사드린다. 아울러 《삶은 속도가 아니라 방향이다》가 여기까지 올 수 있도록 많은 관심과 사랑을 보내준 독자들에게도 이 자리를 빌려 감사의 말씀을 드린다.

　끝으로, 이 책이 더 많은 사람의 삶을 유익하게 하고, 오랫동안 좋은 기억으로 남을 수 있기를 희망한다.

프롤로그

방향만 확실하면
시간은 아무런 문제가 되지 않는다

   목숨이 위험할 만큼 아주 심한 병을 앓던 두 사람이 있었다. 어느 날, 그들은 같은 병실에 나란히 입원했다. 창문이 하나밖에 없는 아주 작은 병실이었다. 그중 한 사람은 치료 목적으로 오후에 한 시간씩 침대 위에 앉아 있을 것을 의사에게서 권유받았다. 폐 안에 가득 찬 염증과 고름을 몸 밖으로 빼내기 위해서였다. 그에게 그 시간은 병원 밖 풍경과 사람들을 볼 수 있는 매우 소중한 기회였다. 침대가 창가에 놓여있었기 때문이다.
   매일 오후, 정해진 시간이 되면 그는 침대 위에 앉아 바깥을 내다보며, 자신이 본 것을 맞은편 환자에게 일일이 설명해주었다.
   그의 말에 의하면, 창문 너머로 호수가 있는 공원이 내다보이는 듯했다. 호수 위에는 오리와 백조가 한가롭게 떠 있고, 가족과 함께 나들이 나온 아이들은 기쁜 얼굴로 오리와 백조를 향해 모이를 던져주거나 장난감 배를 타고 노는 듯했다. 젊은 연인이 손을 잡고 다정하게 데이트를 즐기기도 했다. 한 아이가 호수에 빠질 뻔한 이야기도 듣고, 예쁜 아가씨들이 짧은 미니스커트를 입고 활기차게 걷는 이야기도 들었다.

그때마다 누워있던 환자는 탄성을 지르곤 했다. 어찌나 생생하게 잘 묘사하는지 마치 자신이 직접 보고 있는 듯한 착각이 들었기 때문이다.

그러던 어느 날, 문득 이런 생각이 들었다.

'왜 저 사람만 창가 자리를 독차지해서 밖을 내다보는 특권을 누리는 거지. 내게도 창가 자리를 차지할 권리가 있잖아.'

그러자 그때부터 모든 것이 불만스러웠다. 그도, 그가 해주는 이야기도 더는 보고, 듣고 싶지 않았다. 한편으로는 그렇게 생각하는 자신이 좀생이 같아서 부끄럽기도 했지만, 그 생각을 떨치려고 할수록 점점 더 그가 싫어졌다. 만일 침대의 위치만 바꿀 수 있다면 무슨 일이건 할 수 있을 것만 같았다.

그러던 어느 날 밤이었다. 창가의 환자가 기침을 계속하더니 갑자기 숨을 연거푸 몰아쉬기 시작했다. 뭔가 심상치 않은 조짐이 보였다. 빨리 의사나 간호사를 불러야 했다.

그는 손을 버둥거리며 간호사 호출 버튼을 찾았다. 그런데 문득 '저 사람만 없으면 자신이 창가 자리를 차지할 수 있다'라는 생각이 들었다. 그렇게 되면 매일 창밖을 보며 즐거운 마음으로 병을 치료할 수 있을 것 같았다. 결국, 그는 괴로워하는 그를 지켜볼 뿐 비상벨을 누르지 않았다. 그의 숨이 완전히 멎을 때까지.

아침이 되자, 담당 간호사가 병실에 들어왔다. 이윽고 그녀는 미동조차 없는 그를 발견하고는 깜짝 놀라서 병실을 급히 빠져나가더니, 잠시 후 몇 사람이 들어와서 그의 시신을 조용히 치웠다.

그렇게 해서 창가 자리는 온전히 그의 차지가 되었다. 그가 창가로 자리를 옮기고 싶다고 하자, 병원 직원들이 그의 침대를 창가로 옮겨주었다.

직원들이 병실 문을 나가자마자 그는 안간힘을 다해 침대에서 몸을 일으켰다. 뼈마디가 욱신거리는 통증이 느껴졌지만, 그런 것쯤은 아무런 상관 없었다. 이제 바깥 풍경을 직접 볼 수 있었기 때문이다. 팔꿈치를 괴고 간신히 상체를 세우는 데 성공한 그는 기쁜 표정으로 얼른 창밖을 내다보았다. 그런데 그 순간, 갑자기 정신이 멍해지며 넋을 잃고 말았다. 아무것도 보이지 않았기 때문이다. 따뜻한 햇볕이 내리쬐는 황금빛 호수도, 데이트를 즐기는 연인도, 행복한 가족의 모습도, 호수 위를 유유히 헤엄치는 오리와 백조도 전혀 보이지 않았다. 맞은편 건물의 무겁고 퇴색한 담장만이 그를 지켜볼 뿐이었다.

하버드대학 심리학과 엘렌 랭어Ellen Langer 교수에 의하면, "우리는 우리가 생각한 대로 늙는다"고 한다. 즉, 나이 들기 때문에 눈이 나빠지는 것이 아니라 '늙을수록 눈이 나빠질 것이다'라고 생각하기에 눈이 점점 나

빠진다는 것이다. '시계 거꾸로 돌리기'라는 그녀의 연구에 의하면, 70대 노인을 20년 전의 생활환경에서 20년 전처럼 살게 하는 것만으로도 50대와 같은 체력 향상을 가져올 수 있다고 한다. 이를 통해 보건대, 나이는 그저 숫자에 지나지 않는다. 그렇다면 우리는 스스로 착각하며 사는 것은 아닐까. 나이 들면 당연히 거기에 순응하고, 거기에 맞춰 살아야 한다고 자신을 끊임없이 세뇌하면서 말이다.

삶은 이정표도 없는 낯선 길을 가는 것과도 같다. 그 때문에 가끔 생각지도 못한 낯선 길에 들어서기도 하고, 장애물에 가로막히기도 한다. 가까운 길을 에둘러 멀리 돌아가야 할 때도 있다. 그 길 위에서 우리가 해야 할 일은 끝까지 포기하지 않고 가고자 하는 곳으로 나아가는 것이다.

중요한 것은 시간이 아니라 목표, 즉 '방향'이다. 방향이 확실한 사람은 아무리 거칠고 먼 길이라도 끝까지 포기하지 않고 나아갈 수 있다. 하지만 방향이 없는 사람은 아무리 좋은 길이라도 금방 지치고 만다.

독일의 시인이자 철학자인 프리드리히 니체Friedrich Nietzsche는 《Morgenro》에서 이렇게 말했다.

"지름길은 언제나 인류를 커다란 위협으로 이끌었다. 지름길이 발견되었다는 얘기를 들으면, 대부분 사람이 그 길로 급히 떠났지만, 대부분 거기서 길을 잃었기 때문이다."

삶에 지름길은 없다. 자신이 가고자 하는 길을 한발 한발 정직하게 가야 한다. 삶은 속도가 아니라 방향이다.

목차

추천사	004
시작하면서	006
개정판을 펴내면서	008
프롤로그 __ 방향만 확실하면 시간은 아무런 문제가 되지 않는다	012

01. 지금 우리에게 필요한 것은 무엇인가? 023
Half-Time Messenger 01 선천성 장애를 극복한 '살아 있는 비너스', 앨리슨 래퍼 028
발을 내려다보지 말고 별을 올려다보라

02. 남은 삶을 어떻게 채울 것인가? 035
Half-Time Messenger 02 '성공학의 대가', 데일 카네기 040
꿈의 스위치를 켜라

03. 삶은 속도가 아니라 방향이다 045
Half-Time Messenger 03 공자가 가장 사랑했던 제자, 안회 050
두려워하지 마라, 누구나 처음 가는 길이다

04. 무엇이 당신의 가슴을 뛰게 하는가? 057
Half-Time Messenger 04 1,009번의 도전 끝에 성공한 〈KFC〉 창업자, 커넬 샌더스 062
빨리 가는 것보다 제대로 가는 것이 중요하다

05. 힘든가? 그렇다면 제대로 가고 있는 것이다 067
Half-Time Messenger 05 추리소설의 거장, 시드니 셸던 072
'또 다른 나'와 만나라

06. 삶에서 가장 중요한 시간, '지금, 이 순간' 077
Half-Time Messenger 06 세계 골프 명예의 전당에 오른 '골프의 전설', 리 트레비노 082
준비된 사람만이 행운을 붙잡을 수 있다

07. 포기하고 싶은 마음을 포기하라 087
Half-Time Messenger 07 청소로 인생을 바꾼 '청소 전도사', 마스다 미츠히로 092
삶을 방해하는 요소를 과감히 정리하라

08. 넘어지는 걸 두려워하면 다시 일어설 수 없다 097
Half-Time Messenger 08 세상을 바꾼 '혁신'의 아이콘, 스티브 잡스 104
오늘이 삶의 마지막 날인 것처럼 살아라

09. 열정의 차이가 성공의 차이를 만든다 109
Half-Time Messenger 09 72년의 기다림 끝에 천하를 얻은 강태공 114
삶에서 너무 늦었을 때는 없다

10. 멈추지 마라! 멈추는 순간, 꿈도 인생도 멈춘다 121
Half-Time Messenger 10 천상의 목소리를 지닌 가수, 나나 무스쿠리 126
자기 삶을 믿고 응원하라

11. 나는 왜 남들처럼 성장하지 못할까? 131

Half-Time Messenger 11 도전을 즐기는 '괴짜 CEO', 리처드 브랜슨 136
스스로 즐겁지 않은데 어떻게 성공할 수 있겠는가?

12. 삶과 맞서 싸울 때 기적은 찾아온다 143

Half-Time Messenger 12 소설 《바람과 함께 사라지다》의 작가, 마가렛 미첼 148
내 삶을 다른 사람에게 맡기지 마라

13. 더는 망설이지 마라, 일단 부딪혀라 153

Half-Time Messenger 13 상상을 통해 꿈을 현실로 만든 백만장자, 마크 앨런 158
성공한 내 모습을 상상하라

14. 성공하는 사람은 방법을 찾고, 실패하는 사람은 핑계를 찾는다 163

Half-Time Messenger 14 르네상스 시대 천재 예술가, 미켈란젤로 168
치열한 프로정신으로 삶을 무장하라

15. 우리에게 정말 부족한 것은 생각이 아닌 '행동' 173

Half-Time Messenger 15 미스터 할리우드로 불린 '패션의 거장', 조르조 아르마니 178
삶을 단순화하고, 필요한 것에만 집중하라

16. 하루하루 최선을 다하는 '후회 없는 삶' 183

Half-Time Messenger 16 미국인이 가장 존경하는 대통령, 에이브러햄 링컨 188
뒤가 아닌 앞을 향해 나아가라

17. 당신 삶의 주인공은 누구입니까? 195

Half-Time Messenger 17 미래를 예견한 '팝 아트'의 창시자, 앤디 워홀 200
가슴 뛰는 삶을 살아라

18. 욕심 부리지 말고 '욕망'하라 207

Half-Time Messenger 18 포기를 모르는 탐험가, 크리스토퍼 콜럼버스 212
용기있는 사람만이 삶을 바꿀 수 있다

19. 높아지려면 먼저 낮아져야 한다 219

Half-Time Messenger 19 가난한 사람들의 어머니, 마더 테레사 224
섬기는 사람은 위를 쳐다볼 시간이 없다

20. 아무것도 갖지 않을 때 비로소 모든 것을 가질 수 있다 229

Half-Time Messenger 20 '무소유'의 선구자, 헨리 데이비드 소로우 234
하고 싶은 일이 있다면 주저하지 말고 해라

에필로그 _ 다른 사람이 알려주는 답이 아닌 '내면의 답'을 스스로 찾아야 한다 240

삶의 방향이 분명하면 온 삶이 다 분명해진다.
하지만 삶의 방향이 분명하지 않으면 삶은 늘 문제투성이가 되고 만다.

― 숭산 스님

LIfe is not a speed but a direction

우리 삶 역시 중간 중간 정비하고 점검해야 한다.
정기적인 건강검진을 통해 몸을 점검하듯,
삶 역시 꾸준한 점검을 통해 연약해지고 부족한 부분은 없는지,
수많은 압박과 스트레스로 인해 마음이 강퍅해지지는 않았는지,
사랑이 메마르지는 않았는지 수시로 점검해서
연약해지고 부족한 부분을 바로 잡고 보충해야 한다.
그래야만 자신이 원하는 방향을 향해 나아갈 수 있다.

LIfe is not a speed but a direction _ 01
지금 우리에게 필요한 것은 무엇인가?

위기의 시대다. 삶 여기저기에 생존을 위협하는 수많은 위기가 자리하고 있으며, 여유라고는 찾을 수 없을 만큼 사는 것이 만만치 않다. 하루하루가 마치 아슬아슬한 낭떠러지 위를 걷는 것만 같다. 그렇다고 해서 멈출 수는 없다. 사랑하는 가족과 아직 남은 삶을 위해서라도 포기하지 않고 끝까지 버텨야 한다. 자칫, 멈칫했다가는 언제 또다시 위기가 고개를 쳐들지 모른다.

혼돈의 시대다. 늘 열심히 살지만, 어떻게 살아야 하는지, 무엇을 위해서 살아야 하는지 의문투성이다. 무엇보다도 삶이 지금 제대로 된 방향으로 가고 있는지조차 알 수 없다. 실패하면 안 된다고, 반드시 성공해야 한다고 세뇌당하듯 살고 있지만, 무엇이 실패고 성공인지 확신할 수 없다.

"지금, 당신의 삶은 원하는 방향으로 나아가고 있습니까?"

과연, 이 질문에 '예'라고 자신 있게 말할 수 있는 사람은 얼마나 될까. 단언컨대, '아니요'라고 말하는 사람이 훨씬 많을 것이다. 그만큼 대부분 사람이 자기 삶에 만족하지 못하고 있다.

살다 보면 누구나 삶에 수많은 의문을 품기 마련이다. 그것은 철저한 계획에 의한 것이기보다는 어느 날 갑자기 찾아오는 경우가 많다. 나 역시 마찬가지였다.

삶의 방향을 상실한 채 허우적대던 어느 날, 우연히 시외버스를 타게 되었다. 아무 생각 없이 창밖으로 스쳐 가는 사람들과 풍경을 바라보던 순간, 문득 '지금 제대로 사는 것일까? 내가 원하는 곳을 향해 나아가고 있는 것일까?'라는 의문이 들었다. 그와 함께 어린 시절 간직했던 간절한 꿈과 희망, 그리고 그것을 좇아 숨차게 뛰어왔던 날들이 겹치면서 머릿속에 수많은 물음표를 만들었다.

짧은 시간이었지만, 이를 통해 나는 소중한 깨달음을 하나 얻었다. '내가 원하는 삶의 방향으로 나아가려면 삶을 가끔 되돌아봐야 한다'라는 것이다. 만일 나와 같은 의문이 드는 사람이 있다면, 가던 길을 멈추고 한 번쯤 지금까지 걸어온 길을 되돌아볼 필요가 있다.

운동경기를 보다 보면 중간에 '하프타임 Half-Time'이란 것이 있다. 하프타임이란 축구나 농구, 럭비, 미식축구 등의 시간제 경기에서 전반이나 후반, 혹은 각 쿼터 사이에 있는 휴식 시간을 말한다. 보통 10분 정도이며, 이때 중요한 '작전'이 감독과 선수 사이에 오간다. 지고 있는 팀의 상황에서는 전술과 팀을 재정비해서 경기를 다시 시작할 수 있는 매우 유용한 시간인 셈이다. 이를 통해 드라마틱한 역전승의 발판을 만들 수도 있다.

우리의 삶에도 '하프타임'이 필요하다. 지금까지의 삶이 만족스럽지 않거나 뭔가 새로운 도전을 해야 한다면 더욱더….

삶의 하프타임이 필요한 사람에게 가장 시급한 일이 있다. 그것은 바로 지금까지의 삶을 재정비하는 것이다. 버려야 할 것은 과감하게 버리고, 취해야 할 것만 취하는 용기가 필요하다.

비행기가 문이 제대로 닫히지 않은 채 이륙했다가 다시 돌아오는 소동이 있었다. 출발 전에 반드시 확인해야 했지만, 누구도 그것을 확인하지 않았다. 만일 문이 아닌 훨씬 더 중요한 장치에 문제가 생겼다면 심각한 결과를 초래했을 것이 분명했다.

우리 삶 역시 중간 중간 정비하고 점검해야 한다. 정기적인 건강검진을 통해 몸을 점검하듯, 삶 역시 꾸준한 점검을 통해 연약해지고 부족한 부분은 없는지, 수많은 압박과 스트레스로 인해 마음이 강퍅해지지는 않았는지, 사랑이 메마르지는 않았는지 수시로 점검해서 연약해지고 부족한 부분을 바로 잡고 보충해야 한다. 그래야만 자신이 원하는 방향으로 나아갈 수 있다.

그 대표적인 방법의 하나가 바로 '버킷리스트Bucket list'를 작성하는 것이다. 버킷리스트란 '살면서 한 번쯤 꼭 하고 싶은 일' 혹은 '죽기 전에 하고 싶은 일을 적은 목록'을 말하는데, 중세 유럽에서 자살이나 교수형을 할 때 목에 줄을 건 다음 딛고 서 있던 버킷Bucket, 즉 양동이를 발로 찼던 관행에서 유래했다.

당신은 과연 어떤 버킷리스트를 갖고 있는가?

"지금 당장 그걸 대답하라고요?"

만일 이렇게 말하는 사람이 있다면, 그것은 제대로 된 버킷리스트를 갖고 있지 않다는 방증이다. 그렇다고 해서 걱정할 필요는 없다. 대부분 사람이 그렇게 살며, 심지어 단 한 번도 버킷리스트를 가져본 적 없는 사람도 적지 않다. 버킷리스트의 필요성을 전혀 느끼지 못하기 때문이다. 그만큼 팍팍하고, 힘든 삶을 사는 셈이다.

버킷리스트란 크고 대단한 것만을 의미하지는 않는다. 말했다시피, 살면서 한 번쯤 꼭 하고 싶은 일이나 죽기 전에 하고 싶은 일이라면 아무리 작은 일이라도 버킷리스트가 될 수 있다. 따라서 살면서 꼭 하고 싶은 일, 꼭 이루고 싶은 일이 있다면 이것저것 따지지 말고 일단 적어라. 설령, 이루지 못할 꿈이면 어떤가? 그 꿈과 희망을 품은 순간만큼은 누구보다 행복하지 않겠는가? 복권 당첨이 소원인 사람이 월요일에 복권을 구매한 후 일주일을 희망과 설렘으로 사는 것처럼 말이다.

치열한 경쟁 사회를 사는 우리에게 꿈은 하나의 에너지와도 같다. 따라서 반드시 이루고 싶은 꿈을 적는 것만으로도 힘든 삶을 추스르고 앞으로 나아갈 수 있는 계기를 마련할 수 있다.

"희망은 마치 독수리의 눈빛과도 같다. 항상 닿을 수 없을 정도로 아득히 먼 곳만 바라보기 때문이다. 진정한 희망이란 바로 나 자신을 신뢰하는 것이다. 행운은 거울 속의 나를 바라볼 수 있을 만큼 용기 있는 사람을 따른다. 자신감을 잃지 마라. 자신을 존중할 줄 아는 사람만이 다른 사람을 존중할 수 있다."

― 쇼펜하우어 Arthur Schopenhauer, 《희망에 대하여》 중에서

Half _ Time Messenger 01 선천성 장애를 극복한 '살아 있는 비너스', 앨리슨 래퍼

발을 내려다보지 말고 별을 올려다봐라

2012년 8월 30일, 런던 패럴림픽(장애인올림픽) 개막식에서 아주 특별한 장면이 연출되었다. 임신한 앨리슨 래퍼$^{Alison\ Lapper}$ 동상을 가운데 놓고 '살아 있는 비너스를 위하여'란 공연이 펼쳐진 것. '초인$^{Super\ Human}$들의 도전'이라는 타이틀에 걸맞은 매우 감동적인 무대였다. 루게릭병으로 50년 동안 휠체어에 의지해 살아온 스티븐 호킹$^{Stephen\ Hawking}$ 박사의 개막식 연설에서 그 감동은 절정을 이루었다.

호킹 박사는 음성 합성장치를 이용한 짧은 강연에서 "우리는 모두 다르고, 표준 인간은 없다. 삶이 아무리 힘들어도 모든 사람에게는 특별한 성취를 이루어낼 힘이 있다. 그러니 발을 내려다보지 말고 별을 올려다보라"라며 패럴림픽 참가 선수들을 격려했다. 그의 통찰력이 전해질 때마다 6만 2,000여 명의 관중은 환호했고, TV를 통해 그 장면을 지켜본 사람들은 지금까지 편견 어린 시선으로 장애인을 바라봤던 자신을 되돌

삶은 속도가 아니라 방향이다

아봤다.

알다시피, 앨리슨 래퍼와 스티븐 호킹 박사는 선천적인 장애를 갖고 태어났지만, 장애를 극복하고 세상의 중심에 자기 자신을 우뚝 세웠다는 공통점을 갖고 있다. 속도 중심의 이 세상에서 비록 출발은 보통 사람보다 늦었을지 모르지만, 끊임없이 자신을 설득하고 노력해서 인간 승리의 모범이 된 셈이다. 그만큼 두 사람은 삶이라는 결승점을 매우 우수한 성적으로 통과했다.

자신이 원하는 세상의 중심으로 나아가려면 수많은 문을 통과해야 한다. 중요한 것은 그 문은 매우 두껍고 단단해서 아무나 열 수 없다는 것이다. 문 옆에 서 있다고 해서 문이 자동으로 열리는 것도 아니다. 그 문을 열려면 어떻게 해야 할까? 매우 간단하다. 열쇠가 있으면 직접 열면 되고, 열쇠가 없다면 문을 열어달라고 크게 소리치면 된다. 그래야만 귀찮아서라도 누군가가 문을 열어준다.

이렇듯 기회라는 것은, 즉 세상의 중심으로 나가는 문은 끊임없이 그것을 외치고, 알리며, 행동하는 사람에게만 열린다.

앨리슨 래퍼는 자신을 당당하게 세상의 중심에 세웠다. 그녀는 선천적으로 두 팔이 아예 없고, 허벅지 아래 바로 발바닥이 붙은 해표지증(팔다리가 물개처럼 짧아지는 증세)이란 장애를 갖고 태어났다는 이유로 생후 6주 만에 부모에게 버림받아 보육원에서 자라야만 했다. 한창 부모의 사랑을 받아야 할 나이에 친구들로부터 괴물이라고 놀림 받고 멸시를 당하기도 했다. 눈물을 흘리지 않는 날이 없을 정도였다.

그러던 어느 날, 그녀는 더는 울지 않기로 다짐했다. 운다고 해서 인생이 바뀌는 것도 아닐뿐더러 누군가가 도와주는 것도 아니란 사실을 깨달았기 때문이다. 울면 울수록 자신만 더 약해지고 친구들의 놀림감이 될 뿐이었다. 그 대신에 그녀는 자신의 모든 것을 사랑하고, 모든 일에 적극적이고 긍정적으로 대처하기로 했다.

그녀가 가장 먼저 한 일은 그림을 그리는 것이었다. 미술이야말로 자신이 가장 잘할 수 있는 일이었기 때문이다. 무엇보다도 가장 잘하는 일을 함으로써 자신에게 용기를 주고, 새로운 일에 도전하고 싶었다. 그때부터 그녀는 입과 발로 그림을 그리기 시작했고, 얼마 지나지 않아 많은 사람을 감동하게 했다. 그 결과, 사람들로부터 더는 놀림을 받지 않은 것은 물론 원하던 미술대학에도 입학할 수 있었다. 하지만 그녀의 도전은 거기서 멈추지 않았다. 시간이 지날수록 그녀의 적극성은 더욱더 강렬해져 불편한 의수와 의족을 과감하게 벗어던졌고, 심지어 자신의 장애를 작품 소재로 삼기도 했다.

어느 날, 그녀는 중대한 결심을 했다. 실오라기 하나 걸치지 않은 자신의 알몸을 카메라 앞에 세우기로 한 것이다. 주위 사람 모두가 그녀를 말렸지만, 그녀는 오히려 더 당당하게 외쳤다.

"장애가 있다고 해서 그것을 감추기만 한다면 그건 저 자신을 보호하는 게 아니라 더 외롭고 슬프게 하는 일이에요. 저는 제가 이 세상에 존재한다고, 다른 사람들과 아무것도 다를 게 없다고 외치고 싶어요. 왜냐하면, 이 세상에 저를 알려야만 제가 존재할 수 있으며, 어쩌면 존경받을 수도 있을 테니까요. 결국, 모든 게 제 몫이에요. 비난이건, 존경이건 무엇이든 좋아요. 성공 여부를 떠나서 뭐든지 적극적으로 할 거예요."

결국, 그녀는 나체 사진을 찍었고, 장애인의 몸도 얼마든지 아름답다는 것을 사람들에게 각인시켰다. 나아가 임신 9개월째에는 영국 조각가 마크 퀸Marc Quinn의 모델이 되기도 했는데, 이 조각상은 영국 공모전에서 입상해 트래펄가광장Trafalgar Square에 세워지기까지 했다. 두 팔이 없는 임신한 자신의 동상에 대해 그녀는 이렇게 말한 바 있다.

"이 작품은 단지 장애에 관한 것이 아니라, 내가 엄마로서 내 몸을 어떻게 느끼냐에 관한 것이다. 장애가 있는 사람도 천박하지 않고 우스꽝스럽지 않다는 점을 많은 사람이 깨닫기 바란다. 그리고 나 역시 내가 저 위에 서 있는 한 더는 나를 피할 수 없다."

그녀가 이토록 위대하고 강인할 수 있었던 비결은 과연 무엇일까? 누구보다 자기 자신을 사랑했고, 장애를 부끄러워하지 않고 적극적으로 자신을 알렸기 때문은 아닐까. 생각건대, 만일 그녀가 숨을 곳만 찾고, 소극적인 삶을 살았다면 그녀의 삶 역시 크게 빛을 보지 못했을 것이다. 어쩌면 지구의 한 모퉁이에서 장애를 지닌 자신의 삶을 매일 원망하며 쓸쓸한 삶을 살았을지도 모른다.

세상은 우리 생각처럼 약자에게 그리 관대하지도 너그럽지도 않다. 이미 오래전에 치열한 경쟁 사회로 변했기 때문이다. 그러다 보니 경쟁자들은 너나 할 것 없이 상대의 단점을 더 부각하기 위해서 혈안이 되어 있고, 약점을 철저히 파고들기 일쑤다. 세상은 그런 단점과 약점을 극복하고 세상의 중심으로 나서려는 사람, 세상에 맞서 이기려는 사람, 세상을 놀라게 할 만한 능력을 스스로 발휘하려는 사람에게만 기회를 주고 성공의 달콤함을 맛보게 한다. 그러니 더는 움츠러들지 말고 세상의 중심을 향해 당당하게 걸어 나가야 한다. 삶이 얼마만큼 위대해지고 달라질지는 오직 자기 자신에게 달려 있다.

미국 예일대에서 졸업을 앞둔 학생들을 대상으로 목표에 대한 한 가지 실험을 했다. 그 결과, 응답자의 87%가 목표 설정을 전혀 하지 않는다고 했으며, 10%는 대충 목표를 세운다고 했다. 목표와 그것을 달성하기 위한 행동 계획을 종이에 적으면서 진지하게 고민한다고 대답한 학생은 고작 3%에 불과했다.

그로부터 20년 후 예일대는 그들이 어떻게 살고 있는지 추적해 보았는데, 그 결과는 매우 놀라웠다. 직업, 재정 상태 등 모든 면에서 목표와 행동 계획을 구체적으로 설정한 3%의 학생들이 다른 97%의 학생들을 모두 합한 것보다 훨씬 크게 성공했기 때문이다.

이렇듯 목표를 구체적으로 설정하고, 그것을 눈으로 확인할 수 있게 메모하거나 그려보는 일은 매우 중요하다. 목표가 뚜렷할수록 그것을 이룰 가능성이 훨씬 높기 때문이다.

무엇을 하건, 어디에 살건 목표가 확실해야 한다. 제아무리 힘이 세다고 한들 그것을 이용하는 방법을 모르면 그 힘은 무용지물이기 때문이다. 오히려 순간순간 감정에 좌우되어 좋지 않은 일에 사용할 수도 있다. 하지만 뚜렷한 목표가 있다면 그 힘을 원하는 일에 사용하면서 목표에 조금씩 다가갈 수 있다.

 인생이란 낯선 곳에서 목표라는 나침반이 없으면 아무것도 할 수 없다. 그러므로 아직 정확한 목표가 없다면 지금 당장 목표부터 세워야 한다. 목표가 없는 사람은 날개 없는 새와도 같다.

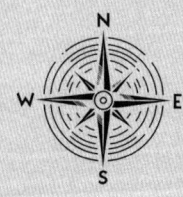

지금까지와는 다른 삶을 살고 싶은가?
지금까지와는 다른 결과를 원하는가?
그렇다면 확실한 방법이 딱 하나 있다.
지금까지 해왔던 방식이 아닌 전혀 다른 방식으로 사는 것이다.
지금까지와 똑같은 방식으로는 원하는 결과를 절대 얻을 수 없다.

LIfe is not a speed but a direction _ 02
남은 삶을 어떻게 채울 것인가?

　초등학교 선생님이 두 학생에게 똑같은 모양의 통나무와 칼을 주면서 작품을 만들게 했다. 얼마 후 한 학생은 멋진 배를 조각했지만, 다른 학생은 깎다가 만 나무 조각만 수북이 쌓아 놓았다. 무엇이 이런 차이를 만들었을까?

　바로 '생각의 차이'다. 멋진 배를 조각한 학생은 배를 만들겠다는 분명한 생각을 가지고 나무를 깎았지만, 다른 학생은 아무 생각이 없었기에 나무만 깎다가 시간을 보낸 것이다. 그것은 우리 삶 역시 마찬가지다.

　자신의 삶을 두고 다른 누군가, 혹은 다른 뭔가를 탓하는 것만큼 어리석은 일은 없다. 우리 삶은 우리 생각대로 이루어지기 때문이다. 생각이 분명한 사람은 능동적이고 긍정적인 삶을 살지만, 그렇지 않은 사람은 반대의 삶을 살게 된다.

"성공하는 데 있어서 가장 중요한 것은 무엇이라고 생각하는가? 또한, 행복하려면 가장 먼저 무엇을 바꿔야 한다고 생각하는가?"

성공한 사람들이라고 해서, 행복한 사람들이라고 해서 처음부터 가득 채워진 잔을 들고 태어난 것은 아니다. 그들 역시 우리와 똑같이 빈 잔을 갖고 태어났다. 하지만 그들은 그 잔을 채우기 위해서 끊임없이 노력하고 행동하기를 멈추지 않았다.

성공하고 싶은가? 행복해지고 싶은가? 그렇다면 가장 먼저 '생각'을 점검하라. 생각은 말이 되고, 습관이 되며, 인생이 된다.

미국 100달러 지폐의 초상화 주인공은 벤저민 프랭클린Benjamin Franklin이다. 그는 과학자이자, 철학자, 정치가로 '미국의 정신'으로까지 추앙받는 전설 중 한 사람이다. 그러나 열네 살 무렵까지 그는 실수투성이 보통 아이에 불과했다. 그 역시 우리와 다르지 않은 평범한 사람이었던 셈이다. 하지만 열네 살 되던 어느 날, '지금까지와는 다른 삶을 살고 싶다'는 생각에 '새로운 나를 만들기 위한 계획'을 세웠다.

그가 가장 먼저 세운 목표는 도덕적으로 완벽해지겠다는 것이었다. 그는 그것이 충분히 가능하다고 믿었다. 하지만 한 가지 잘못을 하지 않기 위해서 조심하다 보면 생각지도 못한 곳에서 실수가 생기곤 했다. 그것을 바로잡으려면 일관성 있는 행동, 즉 나쁜 습관은 버리고 좋은 습관을 들여야만 했다.

프랭클린은 '새로운 나를 만드는 계획'의 출발점으로 13가지 덕목을 정한 후 거기에 맞춰서 해야 할 규칙을 몇 가지씩 만들고 철저하게 그것을 지켜나갔다. 물론 그걸 모두 지킨다는 게 쉽지만은 않았다. 하지만 성공한 사람과 성공하지 못한 사람의 결정적인 차이는 거기서 비롯된다고 생각했다. 성공하지 못한 사람은 알면서도 실행하지 않지만, 성공한 사람은 자신이 세운 규칙과 기준을 지키기 위해서 끝까지 최선을 다하기 때문이다. 이에 자신이 세운 규칙을 엄격하게 지키면서 하나씩 실행해 나아갔다.

여기서 질문 하나. 우리 삶에서 정말 중요하다고 생각하는 키워드는 몇 개쯤 된다고 생각하는가?

만일 10개라고 한다면, 거기에 규칙 두 가지씩 덧붙이면 20개의 인생 규칙이 생긴다. 그것을 매일 실행해야 한다고 생각해보자. 못 지키는 것이 문제일 뿐, 그것만으로도 성공의 잔은 충분히 넘치고도 남는다.

프랭클린이 세운 규칙을 보면 재미있는 것이 눈에 띈다. '배부르게 먹지 않기', '건강을 지키기 위해서 몸에 해가 될 정도의 잠자리는 갖지 않기' 등이 바로 그것이다. 사실 이런 규칙일수록 지키는 것이 의외로 어렵다. 하지만 프랭클린은 그것이 자연스럽게 몸에 배도록 날마다 노력을 아끼지 않았다.

그는 모든 것을 한꺼번에 이루려고 하기보다는 한 번에 하나씩 실천하고자 했다. 지치지 않기 위해서였다. 그렇게 해서 첫 덕목을 이루면 비로소 두 번째 덕목을 시작했다. 덕목의 나열 순서는 이루기 쉬운 것부터 어려운 순으로 정했다. 첫 번째 덕목에 실패하면 포기할 수도 있다는 심리를 이용한 것이다.

다음으로 그가 중요하게 생각한 것은 '점검의 기술'이었다. 이를 위해서 그는 점검 수첩을 만들어 하루도 빠짐없이 해야 할 일을 점검했다. 만일 잘못한 게 있으면 검은 점을 찍고 반성했다. 주마다 한 덕목씩 점검했으니, 13개의 덕목을 반성하는데 꼬박 13주가 걸렸다. 그렇게 해서 일 년에 네 번에 걸쳐 똑같은 일을 반복한 결과, 몇 년 후에는 점 하나 찍히지 않은 깨끗한 수첩을 가질 수 있었다.

그는 수첩에 인상에 남는 잠언을 기록해 매일 절절한 기도 문구로 삼기도 했으며, 하루를 어떻게 쓸 것인가에 대한 계획을 적기도 했다. 그의 삶에 낭비란 절대 없었던 셈이다.

"잡초를 한 번에 다 뽑으려고 하면 매우 힘들어요. 한 번에 한 구석씩 뽑으면서 다음 구석으로 옮겨가는 것이 가장 효율적이죠."

완벽한 인간이 될 필요는 없다. 그걸 꿈꿀 이유도 없다. 프랭클린이 말했다시피, 군데군데 허점 있는 인간이 훨씬 매력적이고 인간적이기 때문이다. 단, 허점이 치명적인 약점이 되고, 그것이 삶을 좌우한다면 그것만은 반드시 고쳐야 한다. 좋은 습관을 만드느냐, 아니냐는 결국 자신의 삶을 사랑하느냐, 사랑하지 않느냐라는 것과 맞닿아 있기 때문이다. 이와 관련해서 프랭클린은 다음과 같이 말했다.

"당신의 삶을 사랑하십니까? 그렇다면 시간을 절대 낭비하지 마십시오. 삶은 오직 시간으로만 이루어져 있기 때문입니다."

만일 어떤 목표를 이루려면, 어떻게 하는 것이 가장 효과적일까? 프랭클린의 말에 다시 귀 기울여보자.

"나쁜 습관은 버리고, 그 자리를 좋은 습관으로 채우면 됩니다."

지금까지와는 다른 삶을 살고 싶은가? 지금까지와는 다른 결과를 원하는가? 그렇다면 확실한 방법이 딱 하나 있다. 지금까지 해왔던 방식이 아닌 전혀 다른 방식으로 사는 것이다. 지금까지와 똑같은 방식으로는 원하는 결과를 절대 얻을 수 없다.

Half _ Time Messenger 02 '성공학의 대가', 데일 카네기

꿈의 스위치를 켜라

보잘것없던 청년 시절, 희망이라고는 전혀 없었던 불행아, 자신의 직업을 경멸했던 사람….

많은 사람이 '성공학의 대가'라고 치켜세우는 데일 카네기$^{Dale\ Breckenridge\ Carnegie}$의 젊은 시절이 이랬다면 과연 믿을 수 있겠는가? 카네기는 자신의 젊은 시절을 가리켜 '한낱 보잘것없던 불행한 시절'이었다고 고백한 바 있다. 그랬던 그가 과연 어떻게 해서 성공의 대명사가 될 수 있었을까?

1888년 미국 미주리주 한 농장에서 가난한 농부의 아들로 태어난 카네기는 그 시절, 대부분 젊은이가 그랬듯이 참담한 시절을 보내야만 했다. 한때 먹고 살기 위해서 트럭 세일즈맨 일을 하기도 했지만, 트럭에 대해서 전혀 알지 못했을 뿐만 아니라 알고 싶은 욕구도 없었다. 더욱이 그의 방은 온갖 바퀴벌레로 우글거렸다. 하지만 더 심각한 일이 있었다. 자기 인생에 미래가 없다고 생각한 것이다. 그의 말 한마디 한마디를 되뇌

고 옮겨 적으며 업그레이드된 삶을 꿈꾸는 우리로서는 차마 상상할 수 없는 일이다.

사실 그는 소설가가 되길 원했다. 하지만 막연한 꿈일 뿐이었다. 글 쓰는 재능이 전혀 없었기 때문이다. 그러다 보니 사는 것이 행복하기는커녕 고통과 좌절, 불안의 연속이었고, 대학 시절 꿈꾸었던 장밋빛 꿈은 어느덧 악몽으로 변했다. 스스로 뉴욕에서 가장 불행한 사람이라는 착각에 빠지기도 했다. 살기 위해서는 어떤 식으로건 결론을 내려야만 했다.

결국, 그는 25살에 인생을 다시 시작하기로 결단한다. 돈이 아닌 행복을 택한 것이다. 스스로 싫어하는 일을 그만두는 것이 삶에 득이 되었으면 되었지, 절대 손해는 되지 않으리라고 생각했다.

그렇게 해서 초심으로 돌아간 그는 YMCA 야간학교에서 사람들을 상대로 연설을 가르치면서 틈틈이 글을 쓰기 시작했고, 그것이 그의 삶의 전환점이 되었다. '카네기 성공학'은 그런 결단에서 출발했다.

카네기는 결단의 순간을 '고민의 순간'이라고 말한다. 삶을 좌우하는 중요한 결단일수록 수많은 고민이 뒤따르기 때문이다. 중요한 것은 모든 고민이 유용하지는 않다는 것이다. 삶의 전진을 방해하는 쓸데없는 고민도 얼마든지 있다. 그런 고민은 결단을 방해하고, 삶을 부정적으로 만들 뿐만 아니라 우리를 꿈에서 멀어지게 하고 좌절하게 한다. 문제는 적지 않은 이들이 이런 쓸데없는 고민에 빠져서 자신을 괴롭히고 수많은 시간 방황한다는 점이다. 이를 안타깝게 생각한 카네기는 그런 고민을 해결하는 방법을 제시하기도 했다. 이른바 카네기식 '고민 타파법'이다.

그의 고민 타파법은 단순하면서 명료하다.

첫째, 고민의 문제와 원인을 정확히 파악한다.
둘째, 스스로 취할 수 있는 모든 방법을 기록한다.
셋째, 무엇을, 어떻게 해야 할지 스스로 결정한다.
넷째, 그 결정을 즉시 실행한다.

지금 우리가 하는 대부분 고민 역시 위의 네 가지에 머물러 있을 가능성이 크다. 따라서 카네기의 고민 타파법을 따른다면 어떤 고민이라도 어렵지 않게 해결할 수 있다. 카네기 역시 그 방법을 통해 자신은 물론 다른 사람들의 고민을 해결했다. 그가 생각할 때 사람들이 자신의 강의를 듣는 이유는 학위나 사회적 지위를 얻기 위해서가 아니었다. 그들은 시급한 문제를 해결하고, 극도의 긴장감에서 벗어나서 몇 마디라도 편하게 말할 수 있기를 원했다. 특히 영업사원들은 고객에게 다가갈 수 있는 용기를 얻고 싶어 했다. 즉, 인간관계의 단순한 기교가 아닌 마음의 안정과 자신감을 원한 것이다.

사실 고정급여가 아닌 수익금의 일정액을 월급으로 받기로 한 그는 눈에 즉시 보이는 대책을 제시할 필요가 있었다. 문제는 거기에 맞는 교재가 없다는 것이었다. 할 수 없이 직접 써야만 했다. 그것이 바로 그 유명한 데일 카네기의 《인간관계론》이다.

《자기관리론》역시 수강생들의 걱정을 해결하기 위해서 직접 썼다. 당시 그의 수강생 대부분은 수많은 걱정으로 골머리를 앓았다. 한 가지 걱정이 해결되면 또 다른 걱정에 휩싸였기 때문이다. 이와 관련해서 그는 이렇게 말한 바 있다.

"걱정을 정복하기 위해서 나는 5년 동안 연구했고, 그것을 수업에서 다루었다. 나는 수강생들에게 걱정을 없애는 방법에 관한 일련의 규칙을 제시하고, 그들의 삶에 적용하도록 한 후 그들이 얻은 결과를 수업 시간에 이야기하게 했다. 그 결과, '나는 어떻게 걱정을 극복했는가?'에 관한 이야기를 누구보다 많이 들은 사람이 되었다."

한순간 편하기 위해서 삶에서 도망가는 것만큼 삶을 망치는 지름길은 없다. 삶이란 도망가는 것이 아니라 그날 그 시간을 사는 것이다. 따라서 '지금, 이 순간'에 충실하면서 삶을 자신이 원하는 색으로 채우기 위해서 노력해야 한다.

문제는 쓸데없는 고민이다. 이에 카네기는 여전히 쓸데없는 고민을 하며 사는 사람들에게 이렇게 말한다.

"당신의 꿈의 스위치를 켜라. 고민이 당신의 인생을 좀먹게 하지 마라. 평균율의 법칙에 따르면, 지금 당신이 하는 고민 대부분은 절대 일어나지 않는다. 차라리 그 시간에 남은 인생을 어떻게 살 것인지 진지하게 생각해보라. 그것이 당신의 인생을 위해서도 훨씬 더 유익하다."

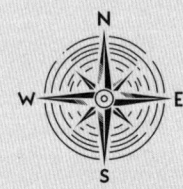

인생의 성공과 행복이 속도로만 이루어진 것은 아니다.
도착점이 자신이 가고자 했던 목적지라면 상관없지만,
그저 경쟁에 취해서 무작정 앞만 보고 달렸다면
아무리 일찍 도착한들 아무 소용없다.
삶에 있어서 중요한 것은 속도가 아니라 '방향'이기 때문이다.
따라서 속도 이전에 '방향', 즉 '목적'이 선행되고 결정되어야만 한다.
그래야만 원하는 곳을 향해 제대로 나아갈 수 있다.

LIfe is not a speed but a direction _ 03

삶은 속도가 아니라 방향이다

어떻게 하면 시간과 공간의 벽을 뛰어넘어 빠르게 세상을 넘나들 수 있을까? 라는 생각에 몰두하는 우리에게 '느림의 미학'을 일깨워주는 책이 있다. 독일 작가 스텐 나돌니Sten Nadolny가 쓴《느림의 발견Die Entdeckung der Langsamkeit》이라는 소설이 바로 그것이다. 그는 이 작품을 영국의 실존 인물인 존 프랭클린John Franklin을 모델로 해서 썼다.

존 프랭클린은 영국 해군 소장이자 탐험가였다. 영국 왕실로부터 기사 작위를 받았고, 지금의 오스트레일리아 태즈메이니아인 반 디멘즈 랜드의 총독을 지냈다. 하지만 탐험가로서는 패배자에 가까웠다. 북서항로를 개척하기 위해 북극 탐험을 세 번이나 시도했지만, 성공하지 못한 채 항로 중에 목숨을 잃었기 때문이다.

이른바 지리상의 대발견 시대였던 18~19세기. 미지의 땅에 첫발을 디

더 수많은 보물과 식민지를 획득한 유럽의 탐험가들은 대중으로부터 끊임없는 부러움과 박수를 받았다. 하지만 존 프랭클린은 성공보다는 실패로 명성을 얻은 특이한 탐험가였다. 세 차례에 걸친 그의 북극 탐험은 번번이 실패로 돌아갔고, 결국 호주 태즈메이니아 총독으로 유배되었기 때문이다. 그곳에서 그는 죄수들의 인권을 중시하고, 원주민 보호구역을 만드는 등 약자를 위한 정책을 추진하다가 기득권자들에 의해 좌초된 후 본국으로 송환되었다.

그런 프랭클린을 스텐 나돌니는 패배자가 아닌 느림의 미학을 실천한 사람으로 재해석했다. 무조건 '빨리빨리'만 외치는 사람들은 절대 얻을 수 없는 세상에 대한 새로운 시선으로 그를 본 것이다.

"존 프랭클린은 열 살이나 먹었는데도 공 하나 제대로 잡지 못할 만큼 동작이 느렸다"라는 소설의 첫 문장이 암시하듯, 존 프랭클린은 어려서부터 말과 행동이 느려서 항상 따돌림의 대상이었다. 하지만 그것이 오히려 그에게는 사물을 더욱더 꼼꼼하고 치밀하게 들여다볼 기회와 깊은 성찰을 할 수 있게 했고, 북극 탐험가의 꿈을 키우게 했다.

스텐 나돌니는 그것을 침착함, 인내, 평화 애호, 선량함의 코드로 읽으며, 그의 '느림'에 주목했다.

"희망을 버리지 않았습니다. 포기라는 걸 모르는 사람입니다. 몇 년은 기다릴 준비가 되어 있는 것 같았으니까요."

그러면서 스텐 나돌니는 한시라도 빨리 목적을 이루기 위해서 개발된 신기술이 우리의 삶을 점점 옥죄여 오고 있음을 자각하게 한다.

빛의 속도로 달리는 고속열차 안에서 창밖을 보면 과연 무엇이 보일까? 이론적으로는 아무것도 보이지 않는다. 인간은 물체에서 반사하는 빛에 의해서 물체를 인식하는데, 물체가 이미 사라져서 인식할 수 없기 때문이다. 속도를 중요하게 생각하는 인간이 빨리 가려는 만큼 제대로 보지 못하는 역설적인 상황이 발생하는 셈이다.

여기 알을 깨고 나오려는 병아리가 있다. 한 시간, 두 시간… 비록 더디기는 하지만, 시간이 지날수록 껍데기는 조금씩 깨져나간다. 손가락으로 살짝 누르기만 해도 금방 깨질 것 같지만, 병아리에게는 두꺼운 콘크리트 벽만큼이나 힘겹다. 만일 이때 병아리가 안쓰럽다며 한쪽 껍데기를 살짝 떼어주면 어떤 일이 일어날까? 힘겨운 사투를 벌이는 병아리에게 한없이 고마운 일일까?

전혀 그렇지 않다. 도움을 받은 병아리는 자신의 힘으로 끝까지 껍데기를 깨고 나온 병아리보다 쉽게 병들고, 죽는다. 혼자 힘으로 힘든 과정을 겪은 병아리가 훨씬 자생력이 높기 때문이다.

마음이 바쁘고, 감정이 격해 있을 때는 본질을 제대로 파악하기 어려울 뿐만 아니라 기껏 일해도 치명적인 실수를 할 가능성이 크다. 이럴 때는 "너무 가까이 있지 마라. 그렇다고 너무 멀리 있지도 마라"라는 어느 철학자의 말처럼 적당한 거리를 유지하는 것이 좋다.

"당신의 거리감은 어떤가?"

누구나 상대와의 거리를 잘못 측정해서 낭패를 본 경험이 몇 번쯤은 있을 것이다. 믿을 수 있는 사람이라고 생각해서 자신의 속내를 숨김없이 드러냈는데 뒤통수 맞거나, 겉모습만 보고 믿을 수 없는 사람이라고 생각해서 멀리했는데, 세상에 둘도 없을 만큼 진실하고 착한 사람인 경우도 있을 것이다. 또한, 앞서 말한 병아리처럼 섣부른 도움이 오히려 상대에게 큰 피해를 준 경험도 있을 것이다.

농부는 씨앗을 뿌릴 때 일정한 간격을 둔다. 씨앗이 자라서 뿌리와 잎을 마음껏 뻗을 수 있는 공간을 확보하고, 땅의 자양분을 흡수하도록 하기 위해서다. 그러기는 우리 삶 역시 마찬가지다.

모든 것이 혼란스럽고, 답이 보이지 않을 때일수록 기본으로 돌아가야 한다. 사안의 본질을 제대로 파악하지 못한 채 빨리 처리하는 것에만 얽매여서는 안 된다. 조급함은 일을 망치는 지름길이다. 또한, 바쁠수록 돌아가야 한다. 먼 길을 돌아가는 것 같지만, 그 길이 바로 우리가 그렇게도 원하던 지름길일 수도 있다.

삶에 있어 속도는 매우 중요하다. 목표를 향해 남보다 더 빨리 움직이고, 더 일찍 도착한다는 것은 그만큼 앞서간다는 뜻이다. 남보다 더 많이 성취한다는 건 그만큼 부유하다는 증거이기도 하다. 하지만 인생의 성공과 행복이 반드시 속도만으로 이루어진 것은 아니다. 도착점이 자신이 가고자 했던 목적지라면 상관없지만, 그저 경쟁에 취해서 무작정 앞만 보고 달렸다면 아무리 일찍 도착한들 아무 소용없기 때문이다.

미국 농구의 전설 마이클 조던Michael Jordan은 30살에 은퇴를 선언한 후 마이너리그 야구선수로 활동하다가 갑자기 복귀를 선언해 화제가 되었다. 아들로부터 농구를 가장 잘하는 사람은 샤킬 오닐Shaquille O'Neal이라는 말을 듣고, 자신이 그보다 뛰어난 선수임을 아들에게 직접 보여주고 싶었기 때문이다. 그러면서 그는 이렇게 말했다.

"도전할 목표가 생기면 경기를 갈망하며 더 노력하게 된다. 한 걸음 한 걸음씩 나아가는 것, 어떤 일을 하든지 목표를 달성하는데 이보다 뛰어난 방법은 없다."

삶에 있어서 중요한 것은 속도가 아니라 '방향'이다. 따라서 속도 이전에 '방향', 즉 '목적'이 선행되고 결정되어야만 한다. 그래야만 원하는 곳을 향해 제대로 나아갈 수 있다.

Half_Time Messenger 03 공자가 가장 사랑했던 제자, 안회

두려워하지 마라, 누구나 처음 가는 길이다

어느 날, 안회^{顔回}가 스승 공자^{孔子}를 찾았다.
"스승님, 그동안 잘 지내셨습니까?"
"그래, 오늘은 어떤 화두를 갖고 왔는가?"
"제가 며칠 전에 상심^{觴深}이라는 연못을 건넜는데, 참으로 이상한 모습을 봤습니다."
"혹시 연못에서 괴물이라도 나온 것인가?"
공자가 제자를 쳐다보며 물었다.
"아, 아닙니다. 그런 것이 아니라 사공을 보고 깜짝 놀랐습니다."
"사공을 보고 놀라다니. 혹시 그 사공이 신통한 재주라도 지니고 있던가?"
"그렇습니다. 사공의 노 젓는 솜씨가 뭐라 말할 수 없을 만큼 뛰어났습니다. 사공이니까 당연한 일이겠지만, 그 솜씨가 너무 뛰어나서 부러울

정도였습니다."

"멋진 사공을 만났나 보군. 그런 사공을 만나는 것도 참으로 복된 일이지. 그나저나 자네 얘기를 들으니 그 사공의 솜씨가 얼마나 뛰어난지 나 역시 매우 궁금하군."

"정말, 상상할 수 없을 정도였습니다."

"그런데 뭐가 그렇게 놀랍다는 것인가?"

"제가 노 젓는 법을 배우고 싶어서 사공에게 비법을 알려달라고 했더니, 도저히 이해할 수 없는 어려운 말을 하지 뭡니까."

"이해할 수 없는 어려운 말이라. 도대체 사공이 뭐라고 했는가?"

"사공이 말하기를, 헤엄칠 줄 아는 사람은 몇 번 만에 노 젓는 법을 배울 수 있다고 했습니다. 또한, 잠수를 잘하는 사람은 배를 본 적이 없어도, 노를 한 번도 잡아본 적이 없어도 금방 노 젓는 법을 배울 수 있다고 했습니다. 과연, 배를 본 적도 없고, 노도 한 번 본 적 없는 사람이 그렇게 쉽게 노 젓는 법을 배울 수 있을까요? 무엇보다도 그게 가능한 일입니까?"

공자는 그제야 사공이 한 말이 무슨 뜻인지 알았다는 듯 엷은 미소를 지었다.

"스승님, 그렇게 웃지만 마시고, 제발 그 뜻을 가르쳐주십시오."

"사공이 말하고자 했던 것은 '두려움'에 관한 것이네. 잘 생각해보게. 헤엄을 잘 치는 사람이나 잠수를 잘하는 사람은 물을 절대 두려워하지 않는 법이네. 그 때문에 설령 배가 뒤집힌다고 해도 문제될 게 전혀 없지. 하지만 물을 두려워하는 사람은 아무리 열심히 노 젓는 법을 배워도 그

실력이 좀처럼 늘지 않는 법일세. '배가 뒤집히면 어떡하나?'라는 두려움 때문에 집중할 수 없기 때문이지. 그런 이유로 사공은 두려움이 없는 것이야말로 노를 가장 잘 젓는 비법이라고 한 것일세."

그제야, 사공의 말을 이해한 안회는 고개를 끄덕였다.

"그렇군요. 오늘도 큰 깨달음을 주셔서 감사합니다."

공자는 평생 3,000여 명의 제자를 두었다. 그중 뛰어난 제자가 77명, 거기서 다시 가려 뽑은 수제자가 10여 명 정도 있었지만, 안회를 그중 가장 으뜸으로 꼽으며 '안자顔子'라고 존칭했다. 심지어 그가 젊은 나이에 죽자, "하늘이 나를 버렸다"라며 통곡할 정도였다. 또한, 훗날 노나라 실권자 계강자季康子가 "제자 중에서 누가 가장 으뜸이냐?"라고 묻자, 이렇게 말하며 대성통곡했다고 한다.

"안회만이 내 뜻을 알았소. 하지만 지금은 죽고 없소."

공자에 의하면, 안회는 하나를 배우면 열을 알았고, 덕이 매우 뛰어나서 스승인 자신조차도 그를 따르고 존중했다고 한다.

"온종일 안회와 이야기했지만, 단 한 마디도 도에 어긋남이 없었기에 조용히 물러가서 나 자신을 반성하곤 했다."

하지만 안회는 집이 너무 가난한 나머지 술지게미조차 배부르게 먹지 못했다. 그런데도 누구를 탓하거나 자신의 처지를 비관하지 않으며 청빈한 삶을 살았다. 공자는 그런 태도 역시 매우 높이 평가했다.

"어질도다, 안회여! 한 그릇의 밥과 한 표주박의 마실 것으로 누추한

거리에 사는 것을 남들은 견디지 못하거늘, 너는 그 즐거움을 고치지 아니하니, 참으로 어질도다, 안회여!"

처음 하는 일은 누구나 힘들고 두렵기 마련이다. 많은 이들이 생각만 할 뿐 실행하지 못하는 이유 역시 바로 그 때문이다. 그만큼 대부분의 시작은 어렵고 힘들다. 하지만 일단 시작만 하면 우리 머리와 몸은 그에 맞춰 움직이고 곧 적응하게 된다.

"우리가 정말 두려워해야 할 것은 두려움 그 자체다."

프랭클린 루스벨트 Franklin Roosevelt 전 미국 대통령이 취임사에서 한 말이다. 당시 사상 초유의 경제 대공황은 미국 국민을 두려움에 떨게 했다. 하지만 더 큰 두려움은 따로 있었다. 두려움에 사로잡혀서 어떤 희망도 꿈꾸지 않는 것이야말로 그들이 가장 두려워하는 것이었기 때문이다. 루스벨트 역시 그것을 매우 걱정했다.

두려움은 삶을 가로막고 무너뜨린다. 두려움에 사로잡혀 있는 한 한 발자국도 앞으로 나아갈 수 없다. 따라서 걱정하고 두려워하기보다는 차라리 부딪치는 편이 훨씬 낫다. 회피하거나 도망만 가서는 문제를 절대 해결할 수 없다.

두려움과 적극적으로 맞서서 이겨내야 한다. 그것이 두려움에서 벗어나는 가장 현명한 방법이다. 무엇보다도 우리가 원하는 것은 두려움 너머에 있다는 사실을 깨달아야만 한다.

세계 곳곳에 3,750여 개의 호텔을 소유한 세계적인 호텔 체인 힐튼 호텔의 창업자 콘래드 힐튼Conrad Hilton에게는 매우 독특한 습관이 있었다. 자신이 언젠가는 갖게 될 호텔을 머릿속으로 그려보는 것이었다. 당연히 많은 사람이 그를 비웃었지만, 결국 그는 머릿속에 그리던 호텔의 주인이 되었다.

지금 어떤 생각을 품고 있는가? 어떤 말을 즐겨 사용하며, 어떻게 살고 있는가? 그것이 무엇이건 간에 당신의 삶을 바꾸고 미래를 밝히는 가장 강력한 에너지는 바로 머릿속에서부터 시작된다는 사실을 절대 잊어서는 안 된다.

소극적이고, 부정적인 자기 자신과 치열하게 맞서 싸워라. 그러다 보면 꽃이 만개하듯, 어느 순간 우리 삶 역시 활짝 피어날 것이다.

노란 숲속에 두 갈래 길이 나 있었습니다.
나는 두 길을 다 가지 못하는 것을 안타까워하며
오랫동안 서서
한쪽 길이 굽어 꺾여 내려간 곳
눈이 닿는 데까지 멀리 바라보았습니다.

그러고는 똑같이 아름다운 길 중 한 곳을 택했습니다.
그 길에는 풀이 더 우거지고, 사람의 발자취가 적어
누군가가 더 걸어야 할 것처럼 보였기 때문입니다.
누군가가 그 길을 걷게 되면

다른 길과 거의 같게 될 것이지만.

그날 아침 두 길에는
낙엽을 밟은 자취는 없었습니다.
아, 나는 다음 날을 위하여 한 길은 남겨두었습니다.
길은 길로 이어져 있어 계속 가야만 한다는 것을 알기에
다시 돌아올 수는 없을 것으로 생각하면서.

오랜 세월이 지난 후 어디에선가
나는 한숨지으며 이야기할 것입니다.
숲속에 두 갈래 길이 있었고
나는 사람이 적게 간 길을 택했다고
그리고 그것이 내 모든 것을 바꾸어 놓았다고.

— 로버트 프로스트 Robert Frost, 〈가지 않은 길〉

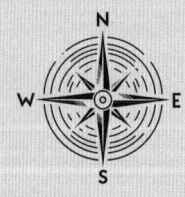

가슴 뛰는 일을 해라.
사는 데 있어 속도는 그리 중요하지 않다.
빨리 가는 것보다는 자신이 가고자 하는 방향으로 가는 것이 훨씬 중요하다.
그것이 바로 자신이 가장 하고 싶고,
원하는 일을 해야 하는 이유이기도 하다.

LIfe is not a speed but a direction _ 04

무엇이 당신의 가슴을 뛰게 하는가?

자타가 공인하는 20세기 최고의 기타리스트 지미 헨드 릭스Jimi Hendrix. 그는 실력도 실력이지만, 이로 기타 줄을 물어뜯거나 등 뒤로 기타를 돌려서 연주하기, 공연 후 기타 불태우기 등의 파격적인 퍼포먼스를 즐겨하는 것으로도 매우 유명했다. 그는 왜 그런 돌출 행동을 한 것일까.

그를 잘 아는 사람들에 의하면, 가슴 속의 뜨거운 열정을 참지 못했기 때문이라고 한다. 실례로, 그는 다른 사람과 악수할 때도 오른손이 아닌 왼손으로 했다. 왼손이 심장과 더 가깝다는 이유 때문이었다. 그런 점에서 볼 때 지미 헨드릭스만큼이나 가슴 뛰는 삶을 산 사람도 드물 것이다.

1942년 미국 시애틀의 가난한 가정에서 태어난 그의 어린 시절은 불행 그 자체였다. 아홉 살 때 부모가 이혼하는 아픔을 겪은 그가 기타리스트의 꿈을 갖게 된 데는 탭 댄서였던 아버지의 영향이 컸다. 그의 아버지는 힘들어하는 어린 아들에게 우쿨렐레를 선물했고, 그는 그것을 발판삼아 〈Purple Haze〉와 〈Hey Joe〉 등 지금은 록의 고전이 된 명곡들을 잇달아 세상에 내놓으며 최고의 기타리스트로 이름을 알렸다. 하지만 불과 몇 년 후 스물일곱의 나이로 요절하며, 영원한 전설로 남고 말았다.

〈천지창조〉,〈최후의 심판〉하면 떠오르는 인물이 있다. 바로 미켈란젤로Michelangelo di Lodovico Buonarroti Simoni다. 그는 살아 있을 때는 물론 지금까지도 세상에서 가장 위대한 조각가이자, 화가 중 한 사람으로 인정받고 있다. 프랑스 작가로 노벨 문학상을 받은 로맹 롤랑Romain Rolland은 그에 대해서 이렇게 말했다.

"이 세상에서 가장 위대한 천재를 아는가? 나는 안다. 만일 천재의 존재조차 믿지 않는 사람이 있거나 혹은 천재란 과연 어떤 사람인지 궁금하다면 미켈란젤로를 보라. 그게 답이다."

아닌 게 아니라, 그의 작품을 들여다보면 로맹 롤랑의 말이 절대 거짓이 아님을 알 수 있다. '어쩌면 신이 아닐까?'라는 경외감마저 들 정도다. 하지만 정작 미켈란젤로 자신은 그 말에 절대 동의하지 않았다.

"나는 지극히 평범한 사람이다. 내가 지금의 경지에 이르기까지 얼마나 열심히 노력했는지 사람들이 알게 된다면 내가 그렇게 위대해 보이지만은 않을 것이다. 나는 뛰어난 예술가도 아닐 뿐만 아니라 천재는 더욱 더 아니다. 오직 가슴이 시키는 일, 생각만 해도 가슴이 뛰는 일을 했을 뿐이다. 그것이 오늘의 나를 만들었다."

그를 아는 사람들에 의하면, 그는 한 번 작품을 시작하면 온종일 일에만 파묻혀 살았다고 한다. 잠도 침대가 아닌 작업실에서 쪼그려 앉은 채로 겨우 눈만 붙일 정도였고, 옷도 갈아입지 않고, 신발도 벗지 않았다. 그러다 보니 다리가 퉁퉁 부어서 신발이 벗겨지지 않을 정도였다.

"가슴 뛰는 일을 해라!"

이것이 천재 예술가 미켈란젤로가 우리에게 전하는 성공의 비밀이자, 우리가 사는 이유다. 미켈란젤로에 의하면, 신이 우리에게 주는 메시지는 가슴 뛰는 일을 통해서 나온다고 한다. 그러니 어떤 일이 있어도 그것을 멈추지 말고 끝까지 해야 한다. 나아가 이왕이면 그것을 즐겨야 한다. 독일의 심리치료사인 롤프 메르클레Rolf Merkle의 말마따나, 천재는 노력하는 사람을 이길 수 없고, 노력하는 사람은 즐기는 사람을 이길 수 없기 때문이다.

야구경기를 보다 보면 1회 초부터 기선을 제압하는 투수가 있는가 하면, 3회나 4회부터 구속과 구위가 올라오는 투수도 있다. 축구 역시 마찬가지다. 전반과 후반이 아주 다른 선수가 간혹 있다. 전반에는 패스도 제대로 못 하고 헛발질만 하다가 후반에 패스 마스터가 되는 선수들이 바로 그들이다. 이처럼 뒤늦게 기세를 올리는 이들을 가리켜 '슬로우 스타터Slow-Starter'라고 한다. 그들은 시작은 비록 남보다 느리지만, 뒤로 갈수록 강력한 뒷심을 발휘한다. 그 힘의 원천은 '간절함'과 '절실함'이다.

그들은 수많은 고난과 실패에도 끝까지 절대 포기하지 않고 묵묵히 자신의 길을 걷는다. 그 때문에 그들이 만들어낸 인생 역전은 다른 이들의 삶보다도 훨씬 짜릿하고 감동적이다.

여기, 한 사람이 있다. 그는 여섯 살에 아버지를 여의고, 열두 살에 어머니마저 재혼하자 집을 떠나 농장 일을 시작으로 수많은 직장을 전전했다. 한때 성공 가도를 달리기도 했지만, 곧 모든 것을 다시 잃었다. 그때 그의 나이 예순이 넘었었다.

그때부터 그는 폐차 직전의 자동차를 타고 전국의 식당을 무작정 찾아다녔다. 자신만의 치킨 조리법을 팔기 위해서였다. 하지만 누구도 그의 제안을 쉽사리 받아주지 않았다. 거절당한 횟수만 무려 1,008번이었다. 그래도 그는 끝까지 포기하지 않았고, 마침내 1,009번의 도전 끝에 첫 번째 계약을 맺는 데 성공했다. 그때 그의 나이 예순여덟 살이었다.

또 한 사람이 있다. 이혼 후 젖먹이 딸과 함께 단칸방에서 정부 보조금으로 어려운 삶을 살던 그녀는 아이에게 먹일 분유가 없어서 손가락을 빨린 적도 있었다. 삶이 그녀를 최악의 상황으로까지 몰고 간 것이다. 그런데도 그녀는 끝까지 꿈을 포기하지 않았다. 포기하고 싶은 순간, 다시 한번 더 이를 악물었고, 마침내 누구나 부러워하는 세계 최고의 작가가 되었다.

〈KFC〉 창업자 커넬 샌더스 Harland David Sanders 와 《해리포터》 작가 조앤 K. 롤링 Joan K. Rowling 의 이야기다. 두 사람은 다른 사람보다 비록 출발은 늦었지만, 끝까지 포기하지 않고 목표를 향해 뚜벅뚜벅 걸어 나갔다. 그래서일까? 두 사람은 자신의 삶을 증거 삼아 "인생에서 너무 늦을 때란 없다"라고 말한다.

'빨리빨리'로 대변되는 요즘 같은 시대에 슬로우 스타터들의 삶은 어떤 면에서 아주 느리고 답답해 보일 수 있다. 하지만 세상의 잣대로 그들을 평가해서는 절대 안 된다. 그들의 삶 속에는 눈물과 고통, 땀이 가득 배어 있기 때문이다.

가슴 뛰는 일을 해라. 사는 데 있어 속도는 그리 중요하지 않다. 빨리 가는 것보다는 자신이 가고자 하는 방향으로 가는 것이 훨씬 중요하다. 그것이 바로 자신이 가장 하고 싶고, 원하는 일을 해야 하는 이유이기도 하다.

Half_Time Messenger 04 1,009번의 도전 끝에 성공한 〈KFC〉 창업자, 커넬 샌더스

빨리 가는 것보다 제대로 가는 것이 중요하다

켄터키Kentucky는 미국의 지명이다. 그런데 전 세계 사람들이 마치 자기 동네처럼 친근하게 여긴다. 그 이유는 집 주변에서 흔히 볼 수 있는 〈KFC〉 매장과 그 앞에서 사람 좋은 웃음을 머금고 서 있는 할아버지 동상 때문이다.

동상의 주인공은 〈KFC〉를 창업한 커넬 샌더스로, 미국인들은 그에게 '패스트푸드의 아버지'라는 별명을 붙여주었다. 하지만 그의 삶은 동상 속 그가 머금고 있는 웃음과는 전혀 달랐다.

미국 인디애나주에서 태어난 그는 여섯 살에 아버지를 여의었고, 열두 살에 어머니마저 재혼해서 집을 떠나는 바람에 이웃의 농장 일을 시작으로 증기선 선원과 보험, 자동차 타이어 영업, 철도회사 직원 등 수많은 직장을 전전해야 했다. 철도 노동자로 일하던 때 법률 공부에 매달려 변호사 자격증을 따기도 했지만, 당시 법조계의 부조리한 관행에 밀려 강제

로 퇴직해야만 했다. 한마디로 불행의 연속이었다. 하지만 그것이 전부가 아니었다.

그 후로도 그는 한동안 실패의 삶을 살아야 했다. 다행히 주유소 사업이 성공해서 안정적인 삶을 살게 되었지만, 그 역시 잠시였다. 어린 시절부터 요리하는 것을 좋아했던 그는 자신만의 독특한 레시피로 만든 요리를 사람들에게 대접하곤 했는데, 이것이 사람들에게 인정받자 잘 나가던 주유소 사업을 접고 레스토랑 사업에 뛰어든 것이 그 원인이었다. 그러던 어느 날, 그는 굶기를 밥 먹듯이 하던 어린 시절을 되돌아봤다. 그리고 처음부터 다시 시작하기로 결심했다.

다시 시작한 레스토랑 사업은 한동안 성공 가도를 달렸다. 하지만 곧 그의 삶에 검은 그림자가 덮쳐왔다. 그의 레스토랑을 우회하는 새로운 도로가 생기면서 매출이 급격하게 떨어진 것이다. 결국, 그는 파산했고, 한동안 술에 빠져 고통스러운 날을 보냈다. 희망이라고는 없는 듯했다. 그때 그의 나이 예순이 한참 넘었었다. 그런데도 그는 끝까지 포기하지 않았다.

'그래, 나이는 절대 핑계가 될 수 없어.'

그때부터 그는 남은 돈으로 겨우 마련한 폐차 직전의 중고차를 타고 전국의 식당을 무작정 찾아다녔다. 자신의 유일한 재산인 치킨 레시피를 팔기 위해서였다. 하지만 누구도 그것을 선뜻 사려고 하지 않았다. 거절당한 횟수만 무려 1,008번이었고, 3년이란 세월이 아무 소득 없이 흘렀다. 그쯤되면 포기할 법도 했지만, 그는 전혀 다른 선택을 했다. 더는 잃을 것이 없었기 때문이다.

'내 인생에 포기란 절대 없어. 목숨이 붙어 있는 한 끝까지 도전할 거야.'

그는 그대로 세상을 끝내고 싶지 않았다. 그러던 중 기회가 찾아왔다. 1,009번째로 찾아간 레스토랑에서 마침내 첫 계약을 따낸 것이다.

첫 계약자의 이름은 피트 하만[Pete Harman]이었다. 그의 치킨 레시피에 반한 하만은 치킨 한 조각에 4센트의 로열티를 지급하는 조건으로 그와 정식 계약을 맺었다. 그리고 그에게 요리 이름을 '켄터키프라이드치킨[KFC, Kentucky Fried Chicken]'이라고 붙이는 것이 어떻겠냐며 제안했다.

그렇게 해서 그는 1952년 유타주 솔트레이크시티에 켄터키 프라이드 치킨(KFC)이란 이름으로 첫 점포를 냈다. 1,008번의 실패 끝에 찾아온 기쁨이었다. 그 후 치킨과 샐러드, 음료수로 메뉴를 단순화해서 가맹점을 꾸준히 늘려갔고, 새로 문을 여는 점포에 치킨 맛에 결정적인 영향을 미치는 11가지 비밀 양념의 완성품을 공급했다. 요리법이 아닌 완성품을 공급한 이유는 그만의 비법을 비밀로 간직하기 위해서였다.

현재 〈KFC〉는 전 세계 80여 개국에 약 1만 3,000여 개의 매장을 가진 세계적인 프랜차이즈로 성장했다.

빈털터리였던 60대에 새로운 사업에 도전한 커넬 샌더스의 삶은 한두 번의 실패와 위기에도 쉽게 좌절하는 이들에게 '인생은 마음먹기에 달려 있다'라는 사실을 증명하고 있다.

말했다시피, 그는 무수한 거절을 겪으면서도 단 한 번도 포기해야겠다고 생각하지 않았다. 오히려 그럴수록 더욱 힘을 내고, 희망을 품었다. 그리고 항상 이 말을 하루에도 수십 번씩 주문처럼 외웠다.

'나는 절대 실패하지 않아. 나는 틀림없이 성공할 거야.'

또한, 그는 이런 말을 남기기도 했다.

"훌륭한 생각, 멋진 아이디어를 가진 사람은 매우 많습니다. 그러나 그것을 행동으로 옮기는 사람은 그리 많지 않습니다. 저는 남들이 힘들어서 포기할 만한 일도 절대 포기하지 않았습니다. 포기하는 대신, 거기서 뭔가 배우고 해내려고 끊임없이 노력했습니다. 실패와 좌절의 경험 역시 인생을 살아가면서 겪는 공부 중 하나입니다. 현실이 슬픈 그림으로 다가올 때면, 그 현실을 보지 말고 멋진 미래를 꿈꾸세요. 그리고 그 꿈이 이루어질 때까지, 앞만 보고 달려가세요. 인생 최대의 난관 뒤에는 인생 최대의 성공이 숨어 있는 법이니까요."

씨앗을 뿌렸다고 해서 바로 열매를 수확할 수는 없다. 혹독한 비바람을 맞고, 뜨거운 햇볕을 견디면서 꽃이 피고 지기를 기다려야만 열매를 맺을 수 있다. 그러고도 한참이 지나야만 비로소 수확할 수 있다.

우리 삶 역시 마찬가지다. 실패란 누구에게나 두려운 법이다. 하지만 그것이 두려워서 아무것도 하지 않으면 시작하기도 전에 패배한 것과 다름없다. 그런 점에서 볼 때 '빨리빨리'에 익숙한 우리에게 샌더스의 삶은 깊은 깨달음을 준다.

힘든가? 그렇다면 제대로 가고 있는 것이다.
사전에 어떤 계획이나 준비가 없었더라도 걱정하지 마라.
우리가 지금 할 일은 걱정하고 염려하는 것이 아닌 마음의 지시를 따르는 것이다.
거창한 계획과 준비에 치밀할수록 첫발을 떼기가 점점 더 어려워진다.
생각건대, 안전한 삶을 살았을지는 몰라도
행복한 삶을 살지는 못했을 가능성이 훨씬 크다.
나아가 그것은 가슴 뛰는 삶과는 더더욱 거리가 멀다.

LIfe is not a speed but a direction _ 05

힘든가?
그렇다면 제대로 가고 있는 것이다

"21세기에도 살아남는 최고의 경쟁력은 무엇이라고 생각합니까?"

미국경영협회AMA, American Management Association가 500대 기업 CEO를 대상으로 한 설문조사의 한 문항이다.

대부분 CEO는 '창의력'과 '창조력'을 21세기에도 살아남을 수 있는 최고의 경쟁력으로 꼽았다. 얼핏 생각하기에는 창의력과 창조력은 똑같은 말 같지만, 엄연히 다른 말이다. '창의력이 새롭고 뛰어난 생각을 해내는 능력'을 말한다면, 창조력은 거기서 한발 더 나아가 '새로운 것을 생각하고 만들어내는 능력'을 뜻하기 때문이다.

창의력과 창조력은 어떤 문제에 대한 새로운 해결 방안, 즉 새로운 방법이나, 새로운 예술적 형태 등으로 구체화하여 나타난다. 그 때문에 창의력과 창조력을 키우려면 분석적 추리 능력은 물론 다양성과 독창성이 필요하다. 문제는 그런 사람은 생각보다 많지 않다는 것이다. 그러다 보니 수많은 기업과 리더가 창의력과 창조력을 지닌 인재를 얻기 위해서 끊임없이 경쟁한다.

창의력과 창조력은 상상에서 시작된다. 하지만 상상에만 머물러서는 안 된다. 현실에 접목해서 새로운 가치로 창출해야만 비로소 중요한 가치로 인정받을 수 있다. 그런 점에서 볼 때 머릿속에만 담아둔 상상은 가치 없는 공상에 불과하다. 물론 상상과 아이디어를 현실로 만든다는 게 말처럼 그리 쉬운 일은 아니다.

하루에도 수백, 수천 개의 신제품이 쏟아진다. 그것이 갑자기 하늘에서 뚝 떨어질 리는 없다. 수많은 실패와 시행착오를 거친 끝에 하나의 제품이 나오기 때문이다. 실례로, 교토의 작은 화투 제작 회사에 불과했던 닌텐도Nintendo가 연간 25조 원의 매출을 올리는 세계 최대의 비디오게임 제조회사로 거듭날 수 있었던 이유는 실패와 시행착오를 두려워하지 않았기 때문이다.

우리 삶 역시 마찬가지다. 신문이나 방송에 나오는 성공한 사람들의 이야기를 보면 수많은 사연이 깃들어 있다. 거기에는 말로는 다 표현할 수 없는 고난과 시련 역시 존재한다. 확실한 것은 쉽게 성공하는 사람은 없다는 것이다. 즉, 이 세상에 공짜는 없다. 이에 대해 도종환 시인은 이렇게 말했다.

흔들리지 않고

피는 꽃이 어디 있으랴
이 세상 그 어떤 아름다운 꽃들도
다 흔들리면서 피어난다

이 세상에 흔들리지 않고 피어나는 삶은 없다. 누구나 살면서 몇 번쯤은 넘어지고 다친 뒤에야 아름다운 꽃을 피울 수 있다. 따라서 고난과 시련 역시 삶의 한 부분임을 인정해야 한다. 어느 정도의 고난과 시련은 삶에 대한 의지를 더욱더 강하게 북돋아 주기 때문이다.

여기, 뜨거운 열정과 도전, 투혼이 만든 불꽃 같은 삶을 산 이들이 있다. 팔과 다리 없이 태어났지만, 전 세계를 누비며 희망을 전파하는 닉 부이치치Nick Vujicic, 초등학교도 나오지 못했지만, 온갖 역경 끝에 세계적인 기업을 일구며 '경영의 신' 반열에 오른 마쓰시타 고노스케松下幸之助, 어린 시절 걸린 소아마비로 인해 왼쪽 다리를 평생 절어야 했을 뿐만 아니라 버스와 전차가 충돌하는 사고로 인해 하반신이 마비되는 고통을 겪어야 했던 20세기 최고의 민중 화가 프리다 칼로Frida Kahlo 등등….

그들의 시작은 무수한 고난과 시련의 연속이었다. 하지만 스스로 그것을 극복했다. 이에 대해 마쓰시타 고노스케는 한 언론과의 인터뷰에서 이렇게 말한 바 있다.

"인생은 크고 작은 오르내림의 연속이다. 올라가기만 하는 일도 없고, 내려가기만 하는 일도 없다. 오르내림을 반복하는 동안 우리는 갈고 닦이며 연마된다. 내가 성공할 수 있었던 비결은 크게 세 가지 때문이다.

첫째, 가난했기 때문이다. 가난했기에 부지런해야 한다는 사실을 깨우칠 수 있었다. 둘째, 체력이 약했기 때문이다. 체력이 약했기에 평생 건강관리에 신경 쓸 수 있었다. 셋째, 못 배웠기 때문이다. 초등학교도 못 나왔기에 모든 사람을 스승으로 삼아 그들을 존중하고 배우는 데 힘쓸 수 있었다."

산다는 것은 절망과 희망의 끊임없는 반복이자 싸움이다. 그러나 절망 끝에는 언제나 희망이 기다리고 있다. 이를 증명한 사람이 바로 영화배우 실베스터 스탤론Sylvester Stallone이다. 그는 배우로서, 시나리오 작가로서 모두 초보였지만, 결국 배우와 작가로서 자신을 판매하는 데 성공했다. 눈앞의 절망보다는 희망의 힘을 믿었기 때문이다.

그는 영화배우가 되고 싶어서 수많은 영화사를 전전하며 자신을 홍보했지만, 번번이 실패했다. 못생겼을 뿐만 아니라 우유부단했기 때문이다. 할 수 없이 자신이 직접 영화〈록키〉의 대본을 써서 주연을 맡는 조건으로 영화사와 계약하는 데 성공했고, 영화가 히트하면서 단번에 세계적인 스타로 거듭났다.

힘든가? 그렇다면 제대로 가고 있는 것이다. 사전에 어떤 계획이나 준비가 없었더라도 걱정하지 마라. 우리가 지금 할 일은 걱정하고 염려하는 것이 아닌 마음의 지시를 따르는 것이다.

거창한 계획과 준비에 치밀할수록 첫발을 떼기가 점점 더 어려워진다. 치밀함과 꼼꼼함, 완벽함. 이것들이 과연 우리 삶에 얼마나 도움이 되었는지 생각해 보면 알 수 있다. 좀 더 근원적인 질문을 자신에게 한 번 해보자.

"완벽주의가 우리를 행복하게 만든 적이 있었는가?"

생각건대, 안전한 삶을 살게 했을지는 몰라도 행복한 삶을 살지는 못했을 가능성이 훨씬 크다. 나아가 가슴 뛰는 삶과는 더더욱 거리가 멀었을 것이다.

우리가 짊어진 가방 속에는 필요 없는 것이 너무 많다. 그 모든 것이 우리를 행복하게 해주지 않는 데도 말이다. 이제 수많은 짐으로부터 우리를 자유롭게 해줘야 한다.

Half _ Time Messenger 05 추리소설의 거장, 시드니 셀던

'또 다른 나'와 만나라

　작가를 꿈꾸던 열일곱 살 소년이 있었다. 그는 약국 배달원으로 누구보다 열심히 일했지만, 희망이라고는 보이지 않는 삶에 절망했다. 그에게 미래란 없어 보였다. 아무리 열심히 일해도 암울한 현실에서 벗어날 수 없을 뿐만 아니라 어떤 희망도 품을 수 없었기 때문이다. 결국, 자살을 결심한 그는 약국에서 수면제를 훔쳐 실행에 옮겼지만, 아버지에게 그만 들키고 만다. 삶을 마감하려는 어린 아들과 이를 필사적으로 막으려는 아버지, 이 얼마나 슬픈 장면인가?

　가난한 직장인이었던 그의 아버지는 아들을 향해 이렇게 물었다.

　"시드니, 넌 작가가 되고 싶다고 했잖니?"

　"그건 어제 이야기에요."

　"그럼, 내일은?"

　"네?"

"내일 무슨 일이 일어날지는 누구도 알 수 없단다. 그런 점에서 볼 때 삶은 소설과도 같단다. 그만큼 숨 막히는 긴장감으로 가득 차 있고, 삶 여기저기에 깜짝 놀랄만한 일들이 숨어 있지. 하루하루가 새로운 페이지인 셈이야. 따라서 페이지를 다 넘기기 전까지는 누구도 자기 인생을 알 수 없단다. 나는 네가 너무 빨리 책을 덮어 버리는 걸 보고 싶지 않구나. 네가 다음 페이지에 쏟아져 나올 수많은 기쁨과 즐거움, 행복을 누리지 못하는 걸 보고 싶지 않아. 무엇보다도 네 인생의 페이지는 네가 직접 써야 한단다."

그렇게 해서 아버지의 설득과 권유로 '또 다른 삶'을 준비한 소년은 인생의 첫 시련을 마지막 기회 삼아 본격적인 작가의 길에 들어선다. 그가 바로 추리소설의 거장 시드니 셀던 Sidney Sheldon 이다.

알다시피, 시드니 셀던은 6편의 연극 극본과 200여 편의 드라마 대본, 25편의 영화 시나리오, 18편의 소설을 집필해 에미상(TV)을 비롯해 오스카상(영화) 등 각 분야 최고의 상을 모조리 휩쓸었다. 또한, 1977년에는 세계에서 가장 많은 언어로 책을 출간한 작가에 선정되어 기네스북에 이름을 올릴 만큼 세계적인 베스트셀러 작가로 우뚝 섰다. 그런 그에게 그런 불행한 과거가 있었다는 사실이 도저히 믿기지 않을 정도다.

이런 일련의 사실을 그는 죽기 2년 전 여든여덟 번째 생일에 출간한 《시드니 셀던 ─ 또 다른 나》라는 자서전에 고스란히 담았다. 여기서 그는 자신의 성공비결을 '또 다른 나와 마주했기 때문'이라고 밝히며, 영화 속 주인공처럼 박진감 넘치고, 소설 속 주인공만큼 드라마틱하고 열정

넘치는 삶의 구석구석을 면밀하게 포착했다. 고등학교 졸업 후 할리우드 영화 스튜디오를 전전하며 수많은 사람으로부터 문전박대를 받던 기억에서부터 공군 특수부대 입대 후 경험한 이야기, 자신을 퇴짜 놓은 데이비드 셀즈닉 스튜디오로부터 열렬한 구애를 받은 이야기,《피터 팬$^{\text{Peter-pan}}$》의 작가 제임스 매슈 배리$^{\text{Sir James Matthew Barrie}}$의 손녀 웬디와의 로맨스, 척추디스크 탈출과 조울증에 시달리던 시절의 일까지….

그는 살면서 했던 수많은 일 중 가장 마음에 드는 일로 쉰 살부터 시작한 소설 집필을 꼽았다. 생명력 넘치는 소설 속 캐릭터를 '또 다른 나'를 실현하는 대리 만족의 도구로 삼았기 때문이다. 이에 세계 곳곳을 직접 헤집고 다니면서 얻은 실제 경험을 바탕으로 사랑과 증오, 질투와 같은 인간의 공통적인 감정에 자신의 모든 것을 담았다. 이 모호한 경계의 '또 다른 나'에 대해 그는 이렇게 말한 바 있다.

"나는 롤러코스터 같았던 내 인생을 매우 소중하게 생각한다. 정말 흥미롭고, 멋진 여정이었다. 만일 내가 젊은 시절에 그대로 삶을 마감했다면 그런 경험을 절대 할 수 없었을 것이다. 그런 점에서 내게 끝까지 페이지를 넘기라고 조언한 아버지 오토$^{\text{Ascher Otto Schechtel}}$에게 고맙다고 말하고 싶다."

누구에게나 '또 다른 나'가 있다. 지금 우리가 마주하고 있는 '또 다른 나'는 과연 어떤 모습일까? 누군가에게는 화려하고 멋진 모습일 수도 있지만, 또 다른 누군가에게는 피폐하고 어두운 모습일 수도 있다. 하지만 실망하기에는 아직 이르다. 우리에게는 아직 살아갈 날이 무수하게 남아 있기 때문이다. 결국, 우리 자신에게 모든 것이 달려 있다.

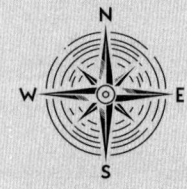

사다리 발판은 발을 올려놓고 편히 쉬라고 만든 것이 아니다.
그것은 한 발을 다음 단계로 올려놓기 전에
잠시 다른 발을 받쳐주기 위해서 만들어진 것이다.
'지금, 이 순간' 역시 마찬가지다.
지금, 이 순간은 과거와 미래를 이어주는 매우 소중한 시간으로
미래로 나아가기 위해 잠시 머무는 단계일 뿐이다.
그 때문에 지금, 이 순간을 어떻게 보내느냐에 따라 미래는 바뀔 수 있다.

LIfe is not a speed but a direction _ 06

삶에서 가장 중요한 시간, '지금, 이 순간'

백혈병에 걸려 4년째 투병 중인 열일곱 살 소녀가 있었다. 항암 치료에 지친 그녀는 어느 날, 자기만의 방식으로 남은 삶을 채워 나가기로 한다. 학교에 다닐 수도 없고, 또래들과 경험을 공유할 수도 없지만, 그녀 곁에는 언제나 일탈을 함께해주는 단짝 조이가 있고, 이혼한 부모 역시 딸의 치료를 위해 나름대로 노력하고 있다. 은밀히 침대 머리맡에 숨겨둔 '위시 리스트 Wish list'를 하나둘씩 실행해 가던 어느 날, 그녀는 착하고 따뜻한 마음을 지닌 옆집 소년 아담을 만나게 되고, 곧 그와의 풋풋한 사랑에 빠진다.

백혈병으로 살날이 얼마 남지 않은 시한부 소녀의 이야기를 담은 영화 〈Now Is Good〉의 예정된 결말은 비극이다. 죽음을 앞둔 소녀가 사랑의 힘으로 벌떡 일어나는 기적을 그려내도 좋으련만, 냉정하게도 영화는 제목 그대로 눈앞에 보이는 현실 그 자체에만 충실할 뿐이다.

언제 하늘나라로 떠나야 하는지 알 수 없지만, 소녀는 아담과의 첫 키스를 통해 '아직 살아 있음'에 감격하고, 그를 만나 사랑할 수 있다는 것만으로도 행복해하며, '지금, 이 순간'의 소중함을 비로소 깨닫는다. 그런 점에서 볼 때 죽음을 앞둔 소녀의 삶을 통해 삶은 순간의 연속이며, 살아 있는 이 순간이 얼마나 행복한지를 깨닫게 해주는 것만으로도 이 영화의 가치는 충분하다.

한 미술품 수집상이 피카소Pablo Picasso의 화실을 찾았다. 그는 작업에 한창 몰입 중인 피카소에게 "지금까지 그린 작품 중 최고 작품은 무엇이냐?"라고 물었다. 그러자 피카소는 수집상을 돌아보며 이렇게 말했다.
"그야 당연히 지금 그리는 바로 이 작품이지요!"
그 말에 수집상은 그 작품이 완성되면 꼭 수집하리라고 마음먹었다. 그러나 작품이 완성된 후 아무리 살펴봐도 최고의 걸작은 아니라는 생각이 들었다.
얼마 후 그는 피카소의 화실을 다시 찾았다. 이번에도 그는 피카소에게 지난번과 똑같이 물었다.
"지금까지의 작품 중 최고의 작품은 무엇입니까?"
그러자 피카소는 단호하게 말했다.
"당연히 지금 그리는 바로 이 작품이지요!"
그제야 수집상은 피카소가 작품을 그릴 때마다 매 순간 생애 최고의 걸작을 완성한다는 마음으로 최선을 다한다는 사실을 알게 되었다.

삶은 속도가 아니라 방향이다

"인생에서 가장 중요한 순간은 언제입니까?"
"인생에서 가장 중요한 사람은 누구입니까?"
"인생에서 가장 중요한 일은 무엇입니까?"

만일 누군가가 이렇게 묻는다면, 뭐라고 답하겠는가? 러시아 문학을 대표하는 대문호 톨스토이 Lev Nikolaevich Tolstoy는 그 질문에 이렇게 대답했다.

"기억하렴, 니콜라이. 세상에서 가장 중요한 때는 바로 '지금, 이 순간'이란다. 가장 중요한 사람은 지금 너와 함께 있는 사람이며, 가장 중요한 일은 지금 네 곁에 있는 사람을 위해 좋은 일을 하는 거야. 바로 이 세 가지가 이 세상에서 가장 중요한 것이란다. 그게 우리가 사는 이유야."

우리 삶에서 가장 중요한 때는 바로 '지금, 이 순간'이다. 과거는 지나갔고, 미래는 아직 오지 않았다. 존재하는 것은 오직 현재뿐이다. 따라서 매 순간을 생애 최고의 순간으로 만든다는 각오로 현재에 집중해야 한다.

지금, 이 순간이 중요하다는 것을 모르는 사람은 거의 없다. 하지만 정작 그것을 실천하지 못하기에 대부분 후회하며 산다. 과거에 대한 후회와 아직 오지 않은 미래에 대한 지나친 걱정과 염려 때문에 가장 중요한 순간을 놓치며 사는 셈이다.

티베트에 '내일이면 집 지리'라는 새가 있다. 이 새는 날씨가 따뜻한 낮에는 실컷 놀다가 기온이 뚝 떨어지는 밤이 되면 추위에 떨며 '내일은 꼭 집을 지어야지'라고 다짐한다. 그러나 다시 날이 밝으면 어제의 다짐은 새까맣게 잊어버리고 다시 노느라 바쁘다.

사다리 발판은 발을 올려놓고 편히 쉬라고 만든 것이 아니다. 그것은 한 발을 다음 단계로 올려놓기 전에 잠시 다른 발을 받쳐주기 위해서 만들어진 것이다.

'지금, 이 순간' 역시 마찬가지다. 지금, 이 순간은 과거와 미래를 이어주는 매우 소중한 시간으로 미래로 나아가기 위해 잠시 머무는 단계일 뿐이다. 그 때문에 지금, 이 순간을 어떻게 보내느냐에 따라 미래는 바뀔 수 있다.

지금 알고 있는 걸 그때도 알았더라면
나는 분명히 춤추는 법을 배웠으리라.
내 육체를 있는 그대로 좋아했으리라.
내가 만나는 사람을 신뢰하고
나 역시 누군가에게 신뢰할 만한 사람이 되었으리라.

입맞춤을 즐겼으리라.
정말로 자주 입을 맞췄으리라.
분명히 더 감사하고,

더 많이 행복해했으리라.

지금 내가 알고 있는 걸 그때도 알았더라면.

미국의 작가 킴벌리 커버거Kimberly Kirberger의 〈지금 알고 있는 걸 그때도 알았더라면〉이라는 시다.

누구나 지나간 시간과 일에 대해서 후회하곤 하지만, 이미 지나간 시간은 누구도 되돌릴 수 없다. 중요한 것은 앞으로 맞이할 시간, 즉 미래다. 시간이 흐른 뒤에도 똑같은 실수를 하고, 똑같은 후회를 하며 산다면 그것만큼 어리석은 일도 없다. 그러니 뭔가 하기로 마음먹었다면, 지금 당장 움직여야 한다. 우리의 삶은 우리 스스로가 만들어가는 것이다.

Half _ Time Messenger 06 세계 골프 명예의 전당에 오른 '골프의 전설', 리 트레비노

준비된 사람만이 행운을 붙잡을 수 있다

'Super Mex'라고 불렸던 전설적인 골퍼 리 트레비노$^{Lee\ Buck\ Trevino}$. 그는 1970년 PGA 투어 상금왕에 올랐을 뿐만 아니라 1971년에는 올해의 선수로 선정되는 등 명실상부 골프의 전설로 통한다.

그의 성 '트레비노'는 어머니의 성을 따른 것이다. 어머니가 결혼하지 않고 그를 낳았기 때문이다. 아버지나 다름없던 멕시코 출신 이민자인 외할아버지, 홀어머니와 함께 살았던 그는 5살 때부터 일해야 했을 만큼 가난했다. 그러다가 우연히 골프장에서 일하게 되었다. 그가 맡은 일은 잔디를 관리하는 것이었다. 과학기술이 발달한 지금도 그렇지만 그 당시에도 일 년 내내 잔디를 푸르게 관리한다는 것은 생각보다 힘들었다. 태양에 그을려 얼굴이 새까맣게 타기 일쑤였고, 온종일 잔디를 깎다 보면 팔다리가 떨어져 나갈 것처럼 아팠다. 그래도 그가 견딜 수 있었던 것은 꿈이 있었기 때문이다.

삶은 속도가 아니라 방향이다

그는 골퍼가 되고 싶었다. 그리고 그것을 현실로 바꾸는 힘은 행동에 있다고 생각하고, 일과가 끝나면 집으로 가는 대신 골프채를 잡고 밤새도록 골프 연습을 했다. 온종일 일하느라 피곤해서 잠이 쏟아졌지만, 하루도 빼먹지 않았다. 그 결과, 스물여덟 살이 되던 해 미국 오픈 골프 선수권 대회에서 쟁쟁한 선수들을 물리치고 예상 밖의 좋은 성적을 거둬 세상의 관심을 받게 되었고, 얼마 후 있었던 미국과 영국 오픈 경기에서는 모두의 예상을 깨고 우승을 차지했다. 보잘것없던 골프장 잡역부에서 골프의 왕으로 등극하는 순간이었다. 그때부터 사람들은 그의 동작 하나하나와 말 한마디 한마디에 귀를 기울였다. 그만큼 그는 모두가 우러러보는 스타였다.

방송 출연이나 신문 인터뷰 역시 끊이지 않았다. 어느 날, 그가 토크쇼에 출연했을 때였다. 사회자가 그를 향해 물었다.

"트레비노 씨처럼 수많은 갤러리를 몰고 다니는 선수도 없을 것입니다. 매번 우승을 놓치지 않기 때문이죠. 그렇다면 그렇게 많은 우승을 차지할 수 있는 비결은 과연 무엇입니까?"

사회자의 질문에 그는 큰소리로 웃었다. 그리고 이렇게 말했다.

"하하하, 그렇습니다. 분명 저만의 비결이 있습니다. 이제 그 비결을 공개할 때가 되었군요. 저는 우승한 다음 날 아침, 곧장 연습장으로 달려갑니다. 그리고 연습 스윙을 350번쯤 합니다. 제게 우승을 축하할 여유 따위는 없습니다."

하루 24시간, 일 년 365일. 누구에게나 똑같이 주어지는 시간이다. 부에 따른 특권도, 지적 능력에 따른 특권도 시간 앞에서는 존재하지 않는다. 그만큼 시간 앞에서는 모두가 평등하다. 하지만 그 시간이 만드는 차이는 천차만별이다.

유명한 소설가와 친구 사이에 있었던 일이다. 친구는 뛰어난 감수성으로 어린 시절부터 늘 주위 사람들의 부러움의 대상이었다. 그에 반해 소설가는 열심히 노력했지만, 감수성이 모자란다는 말을 자주 들어야만 했다. 하지만 세월이 흐른 후 두 사람의 입장은 완전히 바뀌었다. 감수성이 뛰어났던 친구는 그냥저냥 넥타이 부대의 일원이 된 반면, 소설가는 문단의 스포트라이트를 받는 유명 작가가 되었기 때문이다. 그러자 젊은 날의 꿈을 이루지 못한 친구는 매일 소설가 친구를 불러내어 술을 들이켜며 푸념을 늘어놓곤 했다.

"내게 시간만 있었어도 이렇게 되지 않았을 텐데."

죽마고우라는 이유로 따끔한 충고 한번 못 하던 소설가는 그런 일이 반복되자 결국 친구를 다그치고 말았다.

"자네는 여전히 시간 탓만 하는군. 자네, 기억하나? 1년 전에도, 3년 전에도, 10년 전에도 자네는 항상 똑같은 말만 되풀이했다는 걸. 만일 자네가 시간 탓을 하는 동안 글을 썼다면 어떻게 되었을까? 하루에 원고지 3장씩만 꼬박꼬박 썼어도 1년이면 1,100매 분량의 장편소설을 한 권씩 충분히 쓸 수 있었을 걸세."

"문학이 무슨 풀빵 찍는 기계라도 된다는 건가?"

그의 말에 친구가 즉시 반박하고 나섰다.

"그럼 나는 풀빵 찍는 기계인가 보군. 나는 오늘도 술자리가 끝나면 집에 가서 원고지 3장을 채워야만 잠을 잘 테니까 말이야."

결국, 친구는 다시는 그 앞에서 시간 탓을 하지 못했다.

'일기일회一期一會'라는 말이 있다. '지금, 이 순간은 생애 단 한 번'이라는 뜻으로 '순간순간 최선을 다해야 한다'라는 뜻이다. 이에 대해 2010년 입적하신 법정 스님은 "누가 나를 만들어 주는 것이 아니라 나 자신이 나를 만들어간다. 진정한 행복은 먼 훗날에 이루어야 할 목표가 아니라 지금, 이 순간에 존재하는 것이다"라며, "모든 하루를 자기 생애 마지막 날처럼 살아야 한다"라고 강조했다. 그러면서 이렇게 말씀하셨다.

"모든 순간은 생애 단 한 번의 시간이며, 모든 만남은 생애 단 한 번의 인연이다. 삶은 과거나 미래에 있지 않다. 지금, 이 순간이다. 바로 지금, 이 순간을 살 줄 알아야 한다. 순간순간 그날그날 내가 어떤 마음으로 어떤 업을 익히면서 사는가에 따라 삶이 달라질 것이다. 나는 오늘을 살 뿐, 과거나 미래는 전혀 관심 없다."

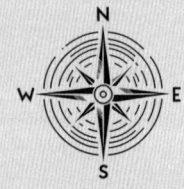

인생은 다양한 경험이 모여서 만들어지는 컬러 영화지
단순한 사실의 조합에 지나지 않는 흑백 영화가 아니다.
성공하고 싶다면 많은 경험을 할 필요가 있다.
실패하는 순간, 실패하지 않는 방법을 배울 수 있기 때문이다.
그때의 실패는 두려움과 절망이 아닌 삶의 소중한 교훈이 된다.
더는 실패를 두려워하거나, 도전을 망설이지 마라.
우리에게 항상 부족한 것은 생각이 아닌 '행동'이다.

LIfe is not a speed but a direction _ 07

포기하고 싶은 마음을 포기하라

"… 연패의 늪에 빠진 프로미식축구팀 필라델피아 이글스의 신임 감독 딕 버메일Dick Vermeil은 깜짝 놀랄 이벤트를 준비한다. 슬럼프에 빠진 팀에 새로운 활기를 불어넣기 위해 일반인을 대상으로 선수 공개선발 테스트를 한 것. 이 같은 깜짝 발표에 수많은 미식축구 팬이 공개선발 테스트에 참여했지만, 테스트 통과자는 단 한 명. 바로 빈스 퍼팔리Vince Papale였다. 하지만 퍼팔리의 미식축구 경력은 고등학교 일 년이 전부였다. 그런데도 그는 자신의 꿈을 이루기 위해서 이글스 트레이닝 캠프에 합류해서 프로 선수들과 함께 본격적인 훈련을 한다."

한 미식축구 영웅의 감동적인 스토리를 담은 영화 〈인빈서블Invincible〉의 줄거리다. 영화는 미국 프로미식축구의 신화적인 인물인 빈스 퍼팔리의 실화를 다루고 있다.

'지극히 평범한 사람이 모든 힘을 다해 인생의 승리를 맛보게 된다'라는 감동을 담은 영화는 '포기하지 않으면 결국 성공할 수 있다'라는 메시지를 전달하고 있다.

　기업의 대량 해고로 실업률이 유례없이 높았던 1970년대 중반, 퍼팔리는 술집에서 시간제 바텐더로 일하며 근근이 생활을 이어가고 있었다. 그러던 중 만년 꼴찌 팀인 필라델피아 이글스에서 선수 공개 선발을 한다는 소식을 듣고 서른 살이라는 적지 않은 나이에 늦깎이 신인 선수가 된다. 하지만 프로들의 세상에서 살아남으려면 뼈를 깎는 노력이 필요했다. 더욱이 그는 남들보다 출발이 훨씬 늦었기에 더 많은 땀과 눈물을 흘려야만 했다. 다행히 그는 3년 동안 선수로 뛰면서 팀이 최초로 슈퍼볼에 진출해서 우승하는 데 결정적인 역할을 한다. 패배 의식에 젖어 있던 동료들은 그제야 그를 진정한 동료로 받아들지만, 안타깝게도 부상으로 인해 팀을 다시 떠나야만 했다.

　창의적인 사람은 항상 긍정적으로 생각하고 행동한다. 또한, 목표를 이루기 위한 도전 자체를 즐기며, 실패를 두려워하지 않는다. 심지어 역경에 부딪히면 오히려 그것을 디딤돌 삼아 더 큰 도약을 꿈꾼다.

　매년 크리스마스가 되면 떠오르는 캐럴 중 〈White Christmas〉가 있다. 아름다운 멜로디로 유명한 그 노래의 작곡가는 어빙 벌린 Irving Berlin이다. 그는 정규 교육이라고는 초등학교 2학년을 중퇴한 것이 전부였을 만큼 불행한 어린 시절을 보냈다. 당연히 음악 교육 역시 한 번도 받지 못했기에 악보를 전혀 그릴 줄 몰랐다. 그런 그가 전 세계에서 사랑받는 노래를 작곡한 것이다. 과연, 그 비결은 무엇일까?

　작곡에 대한 어빙 벌린의 열정은 상상을 초월했다. 하지만 악보 그리는 법을 몰랐기에 악상이 떠오르면 그것을 콧노래로 불렀고, 그의 비서가 그것을 악보로 옮겼다. 그런 그를 눈여겨보는 사람은 아무도 없었다. 하지만 그는 그것에 전혀 개의치 않고, 자신이 좋아하는 작곡에 열정을 쏟았다.

　'현대 무용의 어머니'라고 불리는 이사도라 덩컨Angela Isadora Duncan 역시 타고난 천재는 아니었다. 가난한 집안의 평범한 소녀로 남보다 몇십 배 더 노력했을 뿐이다.

　그녀는 무용을 일컬어 단순한 신체 동작이 아닌 창의적인 작품이라고 생각했고, 자신만의 창의적인 혼을 담기 위해 전문 서적을 탐독하면서 끊임없이 연구하고 노력했다. 심지어 그리스인의 자유로운 정신을 표현하기 위해서 그리스 사람처럼 직접 베를 짜서 옷을 만들어 입기도 했고, 박물관의 벽화나 조각품에 표현된 고대인들의 몸짓을 관찰하며 박물관 문이 닫힐 때까지 작품 앞에서 꼼짝하지 않고 서서 며칠씩 온 정신을 집중하기도 했다.

"포기하고 싶은 생각이 들 때 당신은 어떤 생각과 행동을 하는가?"

　창의적인 사람들은 자기가 도전하고 싶은 일이 있으면 실패를 두려워하지 않고 끊임없이 도전해서 목표한 바를 결국 성취한다.

세계적인 성공학자 나폴레온 힐Napoleon Hill의 생일에 있었던 일이다. 제자들이 생일선물로 두툼한 사전을 선물하자, 그는 펜을 꺼내 '불가능'이란 단어를 찾아서 지워버렸다. 그러고는 이렇게 말했다.

"자, 이제 내 사전에 불가능이란 단어는 없네. 나는 이 세상에 불가능이란 존재하지 않는다고 확신하네. 지금까지 불가능하다고 생각했던 일이 전혀 불가능하지 않다는 사실을 수없이 봐왔기 때문이지."

성공은 포기하지 않는 데서 시작되며, 실패는 쉽게 주저앉는 데서 비롯된다. 그런 점에서 볼 때 성공으로 가는 길에서 자신에게 주는 가장 큰 선물은 '할 수 있다'라는 신념과 자신감이라고 할 수 있다.

모든 것은 생각하기 나름이다. 긍정적인 생각은 신념을 더욱 강화하고 새로운 추진력을 갖게 하지만, 부정적인 생각은 모든 것을 포기하게 한다. 그러니 어느 때고 성공한 것처럼 말하고 행동해야 한다. 패배나 실패는 절대 떠올려선 안 된다.

인생은 다양한 경험이 모여서 만들어지는 컬러 영화지 단순한 사실의 조합에 지나지 않는 흑백 영화가 아니다. 성공하고 싶다면 많은 경험을 할 필요가 있다. 실패하는 순간, 실패하지 않는 방법을 배울 수 있기 때문이다. 그때의 실패는 두려움과 절망이 아닌 삶의 소중한 교훈이 된다. 더는 실패를 두려워하거나, 도전을 망설이지 마라. 우리에게 항상 부족한 것은 생각이 아닌 '행동'이다.

"성공은 고난과 도전 끝에 있다. 그 때문에 고난과 도전이 두렵다면 성공을 아예 생각하지도 말아야 한다. 하지만 뜻을 세웠다면 그 어떤 상황에서도 과감하게 밀어붙여야 한다. 세상 그 무엇도 열정과 끈기를 대신할 수는 없기 때문이다. 재능만 많으면 뭐 하나? 학력만 높으면 뭐 하나? 세상에는 고학력 낙오자가 수없이 널려 있다. 행동하지 않으면 아무 소용없다. 열정과 끈기만 있다면 분명 만날 수 있다. 우리가 원하는 것을."

— 레이 크록Ray Kroc, 맥도날드 창업자

Half _ Time Messenger 07 청소로 인생을 바꾼 '청소 전도사', 마스다 미츠히로

삶을 방해하는 요소를 과감히 정리하라

　　미국 스탠퍼드대와 스와스모어대 심리학자들이 수많은 선택을 둘러싼 문화적 환경과 관련된 여러 연구 결과를 토대로 사람들이 선택의 기회와 자유, 권리 사이의 상관관계를 어떻게 인식하는지를 조사한 적 있다. 그 결과, 중산층 이상, 대학 졸업 이상의 고학력자들은 다양한 선택 기회를 자유나 권리와 연결된 중요한 가치로 여겼지만, 가난하거나 노동자 계급에 속하는 사람들은 선택의 가치를 그다지 중요하게 생각하지 않았다. 심지어 선택의 기회가 오히려 삶을 방해한다고 말하는 사람도 있었다. 아닌 게 아니라 우리는 지나치게 많은 선택의 기회 앞에서 무기력해지곤 한다. 바람직한 선택을 했는지 확신이 서지 않을뿐더러 후회하기도 하기 때문이다. 그 이유는 선택에 대한 만족도가 떨어지기 때문이다. 그 결과, 자신이 좋아하는 것과 타인 및 사회 전체가 좋아하는 것을 비교하며, 선택하지 않은 것에 대한 미련으로 인해 큰 혼란에 빠지

기도 한다. 이에 스탠퍼드대와 스와스모어대 심리학자들은 "다양한 선택의 기회가 자유와 권리 증진에 중요하다는 생각은 고학력자 일부에게만 통용되는 가치가 되었다"라면서 "오히려 그다지 차별성도 없는 것 가운데서 끊임없이 선택해야 하는 현대인은 감정 둔화와 불안정, 이기심 등을 겪을 뿐만 아니라 우울증에 빠질 수도 있다"라고 주장했다.

우리가 성공하지 못하는 이유, 결혼하지 못하는 이유, 돈을 벌지 못하는 이유는 과연 뭘까? 이 모든 안 되는 이유가 '청소' 때문이라면 과연 믿을 수 있을까?

걸레 한 장 때문에 삶이 완전히 바뀐 사람이 있다. 《청소력》의 저자 마스다 미츠히로^{舛田光洋}가 바로 그다.

그는 "자신을 둘러싼 수많은 고민을 말끔히 청소하면 인생이 완전히 바뀐다"라고 주장한다. 즉, 청소를 통해 사업 성공, 행복한 가정, 꿈의 실현, 일의 성취 등을 이룰 수 있다는 것이다. 이를 증명하듯, 그는 청소를 통해 놓았던 삶의 끈을 다시 붙잡을 수 있었고, 그때부터 청소의 중요성을 강조하기 시작했다.

그는 "삶이 힘들 때, 세상이 불공평하다고 느낄 때 청소를 시작하라"라고 주장한다. 그러면서 이탈리아 사회학자이자 경제학자인 빌프레도 파레토^{Vilfredo Pareto}의 20:80 법칙을 빌려 "20%만 남기고 불필요한 80%는 모두 버려라"라고 말한다.

청소 하나로 성공한다고 하면 어떤 사람은 매일 빗자루를 들고 다니겠다고 할지도 모른다. "기껏해야 청소 아니냐?"라고 말하는 사람도 분명 있을 것이다. 하지만 그가 말하는 청소는 방, 즉 장소에만 한정된 것은 아니다.

　마스다 미츠히로가 말하는 청소의 핵심은 방 안의 불필요한 80%를 버리듯 삶을 방해하는 80%를 버리라는 것이다. 버릴 것을 과감히 버려야만 나머지 20%가 빛을 발할 수 있기 때문이다.

　삶에 쓰레기가 가득한 사람은 겉모습에서 그대로 드러난다. 그들은 쓸데없이 항상 바쁘며, 한숨 쉬기 일쑤다. 또한, 만나는 사람들이며, 벌이는 일, 하물며 사소한 것까지도 정리가 안 되어 마치 쓰레기가 넘치듯 삶이 어지럽고 복잡하다.

　만일 지금 당신이 사소한 것에 치여 살면서 고민하고 있다면 쓰레기와 함께 사는 셈이다. 그러니 가장 중요한 꿈 역시 쓰레기 더미 속에 파묻혀 있을 것이다. 그렇다고 해서 당장 빗자루를 들라는 것은 아니다. 청소를 통해 우리가 배워야 할 것은 '기본'이다. 어지럽혀진 삶을 청소해야만 우리가 그렇게도 간절히 원하는 기본으로 되돌아갈 수 있기 때문이다.

　일본의 '경영의 신'으로 추앙받는 마쓰시타 고노스케(松下幸之助) 역시 청소를 매우 중요하게 생각했다. 그는 새해가 되면 직접 화장실 청소를 하며 마음가짐을 다잡은 것으로 유명하다. 회장이 해야 할 중요한 일이 넘치는 데도 그는 매번 화장실 청소를 직접 했다. 그 이유를 그는 다음과 같이 말했다.

"흐트러진 상태를 바로잡을 수 있는 것이 바로 마음의 청소입니다. 더럽다는 것은 곧 방황하고 있다는 것이죠. 청소하지 않는 사람들은 위태롭고, 흔들리기에 십상입니다. 마찬가지로 더러운 회사에서는 더러운 제품이 나올 수밖에 없습니다."

그는 '청소는 곧 수양'이라고 말하기도 했다.

"청소는 그동안 다른 불필요한 일에 낭비하느라 챙기지 못했던 것과 볼 수 없었던 것, 보이지 않았던 것을 바로 볼 수 있게 해줍니다. 그런 점에서 볼 때 청소를 꾸준히 한다는 것은 삶이 나아갈 방향을 알려주는 수양과도 같습니다."

'닦는다'라는 말은 마음가짐과 밀접한 관계가 있다. 걸레로 방바닥을 닦기도 하지만, 마음을 닦을 수도 있기 때문이다.

우리가 짊어진 삶이라는 가방 속에는 필요 없는 것이 너무 많다. 그것 모두가 우리를 행복하게 해주지 않는 데도 그것에 집착하는 이유는 과연 뭘까. 많이 가질수록 행복할 것이라는 착각 때문이다.

삶이 정리되지 않아서 힘든가? 그렇다면 당장 어지럽혀진 마음을 정리할 빗자루와 걸레를 들어라. 청소를 통해 삶의 전환점을 만들어야 한다. 우리 삶에서 필요한 것은 20%뿐이다. 습관적으로 쌓아둔 나머지 80%는 삶을 방해할 뿐이다. 그러니 더는 그것에 집착하지 말고 과감하게 버려야 한다. 버린 만큼 앞으로 나아갈 수 있다.

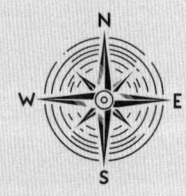

실패하지 않는다는 것은
어떤 위험도 무릅쓰지 않는다는 것이다.
그것은 당장은 어떤 실패도 하지 않게 하겠지만,
어떤 목표도 이루지 못하게 한다.
성공의 핵심은 경쟁자보다 더 빨리 실패하는 데 있는지도 모른다.
거기서 중요한 교훈을 배울 수 있기 때문이다.
그런 점에서 볼 때 실패는 도약을 위한 멈춤이자 휴식과도 같다.

LIfe is not a speed but a direction _ 08

넘어지는 걸 두려워하면
다시 일어설 수 없다

누구나 행복하기를 원한다. 하지만 우리 인생에 행복만 있다면 얼마나 좋겠는가만은, 어떤 인생이라도 반드시 굴곡이 있기 마련이다. 또한, 성공과 승리, 희망뿐만 아니라 실패와 좌절, 절망 역시 존재한다. 그러다 보니 아무리 애쓰고 노력해도 일이 잘 풀리지 않을 때도 있고, 오매불망 기다리던 기회가 눈앞에 있는데도 놓치는 경우도 있다. 승승장구하던 사람이 하루아침에 나락으로 떨어지기도 한다. 이런 일이 특별한 사람에게만 생기는 것은 아니다. 바로 내 가족, 내 친구, 심지어 내게도 언제든지 찾아올 수 있다.

"실패와 좌절, 절망, 슬럼프와 맞닥뜨렸을 때 당신은 어떤 자세를 취하는가?"

"힘들더라도 그 상황을 인정하고 받아들여야 한다"라고 전문가들은 말한다. 대단한 것인 양, 특별한 것인 양 생각할수록 더욱더 힘들어지기 때문이다.

'구실일득 구패일승 九失一得 九敗一勝'이라는 말이 있다. '아홉 개를 잃어야 한 개를 얻을 수 있고, 아홉 번 져야 한 번 이길 수 있다'라는 말이다. 그 말마따나 살면서 원하는 것을 얻기란 절대 쉽지 않다. 누구나 실수하고, 실패하며, 한계에 부딪히는 일이 다반사다. 그러니 실수나 실패를 부끄러워하거나 숨길 이유는 없다. 있는 그대로 보여주고 받아들이면 된다. 지나가는 비가 세차게 한 번 내렸다고 생각하면 된다.

영국 전 수상 윈스턴 처칠 Winston Churchill이 집무실에서 일을 보고 있을 때였다. 똑! 똑! 똑! 노크소리가 들리더니, 곧 한 남자가 들어왔다.

"무슨 일이십니까?"

그를 향해 정중하게 묻자, 남자는 잔뜩 인상을 찌푸리더니 이렇게 말했다.

"존경하는 수상님, 너무 억울해서 이렇게 찾아왔습니다."

"그래요, 어서 말씀해보세요."

남자는 다소 흥분한 듯했다.

"저는 며칠 전 미술 대회에 작품을 응모한 화가로, 주위 사람 모두가 제 그림이 반드시 입상할 것이라고 했습니다. 그런데 너무도 어이가 없는 결과가 나왔지 뭡니까."

"어떤 결과가 나왔나요?"

"보잘것없는 그림은 모두 입상했는데, 제 그림은 입선조차 되지 못했습니다. 저는 그 결과를 도저히 받아들일 수 없습니다. 심사위원들에게 문제가 있는 것이 분명합니다. 제가 듣기에는 심사위원 중에 그림을 전혀 그리지 못하는 사람도 있다고 합니다. 이게 도대체 말이 될 법한 일입니까?"

남자의 얘기를 들은 처칠은 알 수 없는 표정을 지었다. 하지만 곧 미소를 지으며 이렇게 말했다.

"저는 닭이 아니기에 달걀을 낳아본 적은 없습니다. 하지만 어떤 달걀이 싱싱한지, 상한 것인지는 가려낼 수 있습니다. 심사위원도 마찬가지라고 생각합니다. 심사위원이라고 해서 반드시 그림을 잘 그릴 필요는 없지요. 그림을 잘 보고 평가하는 능력만 있으면 됩니다. 당신이 입상하지 못한 것은 다른 사람의 그림이 훨씬 뛰어났기 때문일 것입니다. 다른 사람의 실력을 뛰어넘는 최고의 작품을 그리세요. 그러면 다음번에는 틀림없이 좋은 결과가 있을 것입니다."

어떤 일이 뜻대로 되지 않거나, 자기 힘으로는 도저히 감당할 수 없는 상황과 맞닥뜨리면 책임을 회피하고 핑곗거리를 찾는 이들이 더러 있다. 물론 자기 힘과 능력으로는 어쩔 수 없는 외부적인 요인으로 인해 실패하는 때도 있다. 하지만 언제까지 그것에 매달리고 한탄만 해서는 안 된다. 그래서는 언제까지나 거기에 머물러 있을 수밖에 없다.

성공한 사람은 단 한 번의 실패에도 중요한 사실을 깨닫고 새로운 각오를 다지며 다시 일어서지만, 실패만 거듭하는 사람은 몇 번을 실패해도 제자리걸음이거나 뒷걸음질 칠 수밖에 없다. 왜 실패했는지, 무엇이 잘못되었는지 알지 못하기 때문이다. 그것이 성공한 사람과 실패한 사람의 결정적인 차이다.

삶의 확신을 가진 사람일수록 어떤 시련과 실패도 쉽게 이겨낸다. 그것이 불가피한 것이며, 삶의 과정이란 것을 잘 알기 때문이다.

미국 제16대 대통령 에이브러햄 링컨Abraham Lincoln은 불운의 아이콘이라고 불릴 만큼 수많은 실패를 겪었다. 그를 연구하는 학자들에 의하면, 그는 총 27번 실패했다고 한다. 공식적으로 알려진 것만 그 정도니, 비공식적인 것까지 더하면 그 횟수는 훨씬 더 많을 것이다. 그만큼 그의 삶은 실패의 연속이었다. 하지만 그에게 있어 실패는 좌절이 아닌 더 크고 단단해지기 위한 과정이었다. 이에 링컨은 실패를 끝이라고 생각하지 않고, 성공에 한 걸음 더 다가서는 중요한 교훈이자, 자신이 성장하는 좋은 기회로 생각했다.

"나는 선거에서 또 졌다는 소식을 듣고 곧바로 음식점으로 달려갔다. 그리고 배가 부를 정도로 음식을 많이 먹었다. 그 후 이발소에 가서 머리를 다듬은 후 기름을 듬뿍 발랐다. 이제 누구도 나를 실패한 사람으로 보지 않을 것이다. 왜냐하면, 나는 이제 막 다시 시작했기 때문이다. 배가 부르고, 머리가 단정하니, 내 걸음걸이는 바를 것이며, 내 목에서 나오는 목소리는 우렁찰 것이다. 나는 또 시작한다. 다시 힘을 내자."

이렇듯 실패에 어떻게 대처하느냐에 따라서 더 큰 위기에 부딪힐 수도, 전화위복의 계기가 될 수도 있다. 그런 점에서 볼 때 쉽고 편한 환경에서는 링컨 같은 사람이 절대 나올 수 없다. 끊임없는 시련과 고통을 겪은 뒤에야 마음이 무쇠 단단해지고, 포기와 좌절이 아닌 앞을 향해 나아가는 용기가 생기기 때문이다. 이에 대해 링컨은 이렇게 말했다.

"내가 걸어온 길은 참으로 미끄러웠다. 그 과정에서 나는 수도 없이 넘어졌다. 하지만 나는 그 길 위에서 항상 이렇게 말했다. '그래도 낭떠러지는 아니잖아.' 나는 묵묵히 준비했고, 천천히 걸었다. 하지만 절대 뒤로는 가지 않았다."

그래서일까. 꽤 많은 세월이 흘렀는데도 여전히 수많은 미국인이 링컨을 가장 존경하는 대통령으로 꼽는다. 그뿐만 아니라 전 세계의 유명 정치인들 역시 링컨을 자신의 역할 모델로 삼는 경우가 적지 않다.

실패는 끝이 아닌 시작이다. 아울러 실패가 누적되는 만큼 거기서 얻은 경험과 지혜를 통해 성공에 한 걸음 더 다가설 수 있다. 하지만 실패한 사람들의 상당수는 여전히 이렇게 말한다.

"이게 나의 한계야."

엄밀히 말하면 한계라는 것은 변명에 불과하다. 생각해보라. 인간이 뛰어넘지 못할 벽이 어디 있겠는가. 우주선을 만들어 우주를 비행하고, 버튼 하나로 모든 것을 움직이게 하는 시대다. 이 모든 것이 가능하게 된 이유는 한계를 인정하지 않는 이들의 열정과 도전정신의 결과라고 할 수 있다. 따라서 한계라고 말하기에 앞서 스스로 최선을 다했는지 자신에게 물어야 한다.

실패하지 않는다는 것은 어떤 위험도 무릅쓰지 않는다는 것이다. 그것은 당장은 어떤 실패도 하지 않게 하겠지만, 어떤 목표도 이루지 못하게 한다.

성공의 핵심은 경쟁자보다 더 빨리 실패하는 데 있는지도 모른다. 거기서 중요한 교훈을 배울 수 있기 때문이다. 그런 점에서 볼 때 실패는 도약을 위한 멈춤이자 휴식과도 같다. 걸음마를 배웠을 때를 생각해보면 알 수 있다. 만일 그때 넘어지면서 걸음마를 배우지 않았다면 우리는 절대 직립 보행할 수 없었을 것이다. 자전거를 배울 때 역시 마찬가지다. 무릎이 까지도록 수없이 넘어진 후에야 비로소 균형을 잡을 수 있으며, 앞을 향해 나아갈 수 있다.

실패를 실패로 끝내지 않고, 성공의 발판으로 삼으려면 실패의 원인을 외부가 아닌 내부, 즉 자기 자신에게서 찾아야 한다. 그러자면 객관적이고 이성적인 태도로 자신을 들여다볼 줄 알아야 한다. 핑곗거리를 찾을 시간이 있다면 자기 자신의 문제점을 되돌아보고, 실패의 원인이 무엇인지 철저하게 분석해야 하는 것이다. 그래야만 똑같은 실수를 반복하지 않을 뿐만 아니라 한 단계 더 앞으로 나아가는 발전의 계기로 삼을 수 있다.

실패를 두려워하지 마라. 그보다는 실패가 두려워서 시작조차 하지 않는 마음, 그것을 더 두려워해야 한다.

Half＿Time Messenger 08 세상을 바꾼 '혁신'의 아이콘, 스티브 잡스

오늘이 삶의 마지막 날인 것처럼 살아라

"괴짜란 새로운 생각을 많이 하는 사람이다. 하지만 그 생각이 새롭다는 판단은 그 사람이 성공할 때까지뿐이다. 성공하면 언제 그랬냐는 듯이 하나의 법칙으로 받아들여지기 때문이다."

미국 소설가 마크 트웨인Mark Twain의 말이다. 이 말이 가장 잘 통하는 인물이 바로 〈애플〉의 전 CEO 스티브 잡스Steve Jobs다. 그는 IT 역사를 획기적으로 바꾸었을 뿐만 아니라 우리 삶의 방식을 획기적으로 바꾼 '혁신의 아이콘'이었다. 그만큼 그가 보인 능력은 놀라움 그 자체였다. 그래서일까. 그는 자신이 만든 제품에 대해서 남다른 자부심을 지닌 것으로도 유명하다.

"아이팟을 듣는 사람은 유행을 듣는 것이다. 아이팟이 아니면 그저 음악을 듣는 것에 불과하다."

그는 세상에 둘도 없는 괴짜이기도 했다. 마크 트웨인의 말마따나, 그

가 성공하자 사람들이 그의 모든 것을 당연하게 받아들였을 뿐이다. 특히 그가 스탠퍼드대 졸업식에서 한 연설은 두고두고 회자될 만큼 명연설로 꼽힌다.

그 연설을 한마디로 요약하면 '나를 명품으로 만들어라'라는 것이다. 이는 그의 삶을 통해 여실히 증명되었다. 그의 삶은 우울했던 한 인간이 어떻게 하면 누구나 원하는 명품이 될 수 있는지를 보여주는 한 편의 각본 없는 드라마와도 같았다.

알다시피, 미혼모였던 그의 생모는 그를 대학에 꼭 보내겠다는 양부모의 약속을 받은 뒤에야 그의 입양에 동의했다. 17년 후 그는 약속대로 대학에 입학했지만, 비싼 등록금 때문에 고민하는 양부모에게 미안하고, 어떻게 살아야 하는지, 과연 대학이 자신에게 도움이 되는지에 대해 회의적인 생각이 들어서 대학을 중퇴하고 만다. 이에 대해 그는 생전에 이때의 선택, 즉 대학 중퇴가 자신의 삶에서 최고의 선택이었다고 말한 바 있다.

"호기심과 본능을 좇는 경험과 삶이야말로 돈으로 살 수 없는 매우 소중한 경험이다. 그런 점에서 나는 대학 중퇴 후 관심 없고, 흥미 없는 것은 모두 버리고, 본능적으로 끌리고 좋아하는 일에만 집중할 수 있었다."

그렇게 해서 스무 살 스티브 잡스는 양아버지의 낡고 좁은 차고에 작은 회사를 차렸다. 많은 사람이 그를 비웃었다. 하지만 정확히 10년 후 그는 직원 4,000여 명을 거느린 회사의 CEO가 된 것은 물론 세계적인 유명 인사가 되었다. 그 회사가 바로 세계에서 가장 혁신적인 기업으로 꼽히는 〈애플〉이다. 하지만 그의 인생 역시 탄탄대로는 아니었다.

1985년 〈애플〉은 창업자 스티브 잡스를 해고했다. 자신이 만든 회사에서 해고당하는 어처구니없는 일을 겪은 것이다. 이를 두고 잡스는 이렇게 말했다.

"〈애플〉에서 해고된 것은 내 인생 최고의 경험이었다. 처음에는 매우 화가 났지만 곧 마음을 다잡았다. 성공에 대한 중압감에서 벗어나 초심으로 돌아갈 수 있었기 때문이다. 살다 보면 삶이 뒤통수를 내리칠 때가 있다. 그러나 그 순간에도 자기 안의 믿음을 절대 저버려선 안 된다. 내가 지금까지 버틸 수 있었던 이유 역시 내가 하는 일을 사랑했기 때문이다. 누구나 그것을 찾아야 한다. 그것은 일에 대한 애착일 수도 있고, 사랑하는 이를 위한 애정일 수도 있다."

누구나 포기하고 싶은 순간이 있다. 하지만 누군가는 고난과 좌절, 역경의 늪에 빠져서 허우적거릴 때, 또 다른 누군가는 별일 아니라는 듯 훌훌 털고 다시 일어선다.

고난과 좌절, 역경의 시기야말로 우리 삶에서 가장 축복받은 때다. 그 시기를 거쳐야만 더 단단하고 새로운 나로 거듭날 수 있기 때문이다. 스티브 잡스의 굴곡 많은 삶이 그것을 여실히 증명하고 있다.

자신이 만든 회사에서 잘린 잡스는 성공에 대한 중압감에서 벗어나 초심으로 돌아갔다. 그리고 절치부심 끝에 〈토이 스토리〉, 〈니모를 찾아서〉 등으로 유명한 세상에서 가장 창조적인 기업이자 애니메이션 스튜디오인 〈픽사Pixar〉를 창업하며 보란 듯이 다시 일어섰다. 하지만 호사다마랄까. 어느 날, 그는 의사로부터 "남은 시간이 길면 6개월 밖에 되지 않으니, 인생의 마무리를 준비하라"라는 사형선고와 같은 말을 듣는다. 그 말을 듣고, 그는 다음과 같은 생각이 가장 먼저 들었다고 한다. 그것은 그가 열일곱 살 때 읽었던 책에 나오는 말로, 그가 평생 삶의 지침처럼 간직했던 말이기도 하다.

"오늘이 생의 마지막 날인 것처럼 살아라."

그말마따나 스티브 잡스는 '인간은 언젠가 죽는다'라는 명제를 기억하는 것이 한 사람의 삶에서 가장 크고 중요한 선택을 할 때 꼭 필요하다고 항상 강조했다.

"죽음 앞에서는 어떤 기대나 자존심, 부끄러움, 실패에 대한 두려움도 사라집니다. 가장 중요한 한 가지만 남게 되죠. 기억하세요. 인간은 언젠가 죽는다는 사실을 기억함으로써 뭔가 손해보지 않을까? 라는 피해 의식으로부터 벗어날 수 있습니다. 죽음을 생각하는 일은 그만큼 자신에게 솔직해질 수 있는 기회입니다."

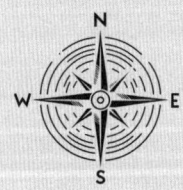

남다른 성공을 거둔 이들에게는
그 길을 포기할 수 없게 하는 뭔가가 반드시 있다.
그것은 '뚜렷한 목표'인 경우가 가장 많다.
목표 안에서 생각하고, 계획하며, 행동해야만
원하는 것을 얻을 수 있기 때문이다.

LIfe is not a speed but a direction _ 09

열정의 차이가 성공의 차이를 만든다

양 떼는 앞만 보면서 달리는 습성이 있다. 예컨대, 맨 앞에 있는 양들이 먹이를 보고 달리기 시작하면 뒤에 있던 양들은 아무 이유 없이 무조건 달린다. 주목할 점은 이때 행렬을 이탈하거나 게으름을 피우는 양은 거의 없다는 것이다. 오로지 앞에 있는 양의 엉덩이만 쳐다보며 죽을힘을 다해서 달린다. 혹시라도 뒤처질까 봐 두려워하면서.

산전수전 다 겪고 성공한 이들 중에는 자신이 겪은 고난과 역경, 시련에 대해서 말하는 것을 유난히 좋아하는 사람이 더러 있다. 많은 사람이 자신의 고난과 역경, 그리고 그것을 이겨낸 용기와 노력에 관심 있어 한다고 생각하기 때문이다. 과연 그럴까?

백 퍼센트 맞는 말이라고는 할 수 없지만, 일부는 맞는 말이다. 그들의 말에 감동하는 것도 모자라서 그들이 쓴 책을 읽고, 그들의 행동을 무조건 좇으려고 애쓰는 이들이 적지 않기 때문이다.

하지만 이런 일은 옳지 않다. 만일 그것이 성공을 향한 지향점이라면 이제 그 생각을 바꿔야 한다. 그것은 그들의 삶을 흉내내는 것일 뿐, 온전한 내 삶이 아니기 때문이다.

"내가 원하는 삶을 살려면 어떻게 해야 할까?"

수십 년 동안 수천 명의 작가 지망생은 물론 한계에 부닥친 작가를 가르쳐온 미국의 작가 로버타 진 브라이언트Roberta Jean Bryant에게 어느 날, 한 수강생이 고민을 털어놓았다. 앤이라는 이름의 그녀는 칼럼니스트가 되고 싶지만, 그 방법을 전혀 모르겠다고 했다. 이에 로버타 진은 이렇게 말했다.

"칼럼니스트가 되고 싶다면 칼럼니스트처럼 말하고 행동하세요. 그리고 당장 칼럼부터 쓰세요."

그때부터 앤은 칼럼니스트처럼 말하고 행동했다. 마치 신문사 청탁을 받고 글을 쓰는 칼럼니스트처럼 꾸준히 글을 썼으며, 칼럼을 쓴 후에는 자신의 글이 실렸으면 하는 신문사에 그것을 빼놓지 않고 매주 보냈다. 칼럼을 보낸 지 19주가 되도록 신문사로부터 어떤 반응도 없었지만, 끝까지 자신이 칼럼니스트라는 사실을 믿어 의심치 않았다. 그 바람은 결국 현실이 되었다. 신문사로부터 고정 칼럼을 맡기고 싶다는 연락이 온 것이다.

앤이 칼럼니스트가 될 수 있었던 가장 큰 이유는 스스로 거절당할 생각을 하지 않았기 때문이다. 만일 그녀가 '실패는 성공의 어머니'라는 말을 염두에 두고 칼럼을 썼다면 26주가 훨씬 지나서도 실패를 거듭했을 뿐만 아니라 기약되지 않은 '그 언젠가'를 기다리며 노심초사했을 것이다.

'실패는 성공의 어머니'이니까, 실패해도 괜찮다고 생각하면 또다시 실패하게 된다. 패턴은 끊임없이 반복되기 때문이다. 거듭된 실패 끝에 성공한다는 식의 생각이 패턴으로 자리 잡으면 초반의 실패는 기정사실화된다. 그 결과, 성공은 아주 멀고, 그 언젠가는 영원히 오지 않을지도 모른다.

성공은 그것을 당연하게 생각하는 사람에게 가장 먼저 돌아간다. 지금 내게 주어진 능력과 환경만으로도 충분하다는 자신감을 가져라. 그리고 당당하고, 당연하게 '나는 할 수 있다'라는 사실을 믿고 행동하라. 우연한 행운이라며 겸손해하거나 빨리 얻은 것이라서 빨리 잃을지도 모른다며 걱정할 필요는 전혀 없다. 행운을 향해 넓고 큰 문을 열어놓아라. 크고 좋은 것을 받아들이는 데 있어 절대 주저해선 안 된다.

영화 〈조스Jaws〉로 블록버스터 영화 시대를 연 미국의 영화감독 스티븐 스필버그Steven Spielberg는 열일곱 살에 정장을 입고 진짜 감독처럼 유니버설 스튜디오를 들락거렸다. 만일 그가 '나는 아직 한참 멀었다'라며 먼발치에서 스튜디오 구경이나 하고 있었다면 훨씬 늦게 세상에 나타났을 것이다. 어쩌면 아직도 스튜디오 구경이나 하고 있을지도 모른다.

자전거를 탈 때 '넘어지지 않아야겠다'라고 생각하는 사람일수록 넘어질 확률이 훨씬 높다고 한다. 이는 심리학에서 '그 사람을 절대 생각해서는 안 된다'라고 할수록 더욱더 선명하게 그 사람을 떠올리는 것과 같은 이치다.

누구도 감히 흉내 낼 수 없는 나만의 무기를 갖는다는 것은 절대 쉬운 일이 아니다. 무엇보다도 자신에 대한 믿음이 강해야 하며, 뼈를 깎는 부단한 노력과 수많은 시행착오가 뒤따라야 한다. 그렇게 해서 이룬 성공일수록 쉽게 무너지거나 흔들리지 않는다. 앞서 말한 앤과 스티븐 스필버그의 이야기가 그 사실을 증명하고 있다.

이렇듯 남다른 성공을 거둔 이들에게는 그 길을 포기할 수 없게 하는 뭔가가 반드시 있다. 그것은 '뚜렷한 목표'인 경우가 가장 많다. 목표 안에서 생각하고, 계획하며, 행동해야만 원하는 것을 얻을 수 있기 때문이다.

삼성그룹 이건희 전 회장은 매년 신년사를 통해 직원들에게 기업의 목표와 비전을 강조한 것으로 유명하다. 그만큼 목표 중심의 사고를 중요하게 생각했다.

불확실한 시대일수록 목표에 집중해야 한다. 경쟁력을 갖추는 데 그만한 것이 없기 때문이다. 기업이건, 개인이건 마찬가지다. 예컨대, 콜럼버스가 폭풍우가 두려워서 항해를 중단했다면, 그는 역사의 한 페이지를 장식할 수 없었을 것이다. 하지만 그는 폭풍우를 두려워하기보다는 목표를 포기하는 자신을 훨씬 더 두려워했고, 결국 최초의 신대륙 발견자로 역사에 이름을 남겼다.

목표 없는 삶, 목표 없는 일만큼 삶을 피곤하게 하고 고달프게 하는 것은 없다. 하지만 그보다 더 중요한 것이 있다. 목표는 그것을 설정하는 것보다 달성하는 것에 무게중심을 두어야 한다는 점이다. 그렇지 않으면 몸은 몸대로 힘들고 아무것도 이룰 수 없다.

목표에 집중하라. 성공은 곧 목표이고, 그 이외의 것은 모두 부수적인 것에 불과하다. 노력하고, 집중한 만큼 원하는 목표를 이룰 수 있다.

Half _Time Messenger 09 72년의 기다림 끝에 천하를 얻은 강태공

삶에서 너무 늦었을 때는 없다

오늘도 여자는 남자를 향해 짜증 섞인 말을 마구 늘어놓았다.

"도대체 언제까지 허송세월할 거예요?"

하지만 남자는 여전히 기다리라는 말만 할 뿐이었다.

"그렇게 책만 본다고 해서 쌀이 나옵니까, 돈이 나옵니까? 허구한 날 책만 보면 집안 살림은 어떻게 꾸려나가라는 거예요?"

"조금만 더 기다리시오. 곧 좋은 날이 올 것이오."

그 말에 여자는 그 자리에 철퍼덕 주저앉더니 신세 타령을 하기 시작했다.

"아이구, 내 팔자야. 조금만, 조금만 하다가 세월이 얼마나 흘렀는지 아세요? 지금 당신 나이 일흔이 넘었어요."

이럴 때는 피하는 게 상책이었다. 노인은 그만 자리에서 일어나 밖으로 나갔다. 그리고 마당 한쪽에서 뭔가를 주섬주섬 챙겼다.

"또 낚시 가려고요? 정말 너무 하십니다. 나는 먹고살려고 아등바등하는데…."

"오늘은 아주 큰 대어를 잡아 오겠소."

"말 같지도 않은 소리 좀 그만 하세요. 그렇게 곧은 바늘에 물고기가 물리기라도 하겠어요?"

"두고 보시오. 때가 되면 틀림없이 기회가 올 것이고, 내 반드시 물고기보다 훨씬 더 큰 걸 잡을 것이니."

노인은 낚싯대를 어깨에 둘러메고 서둘러 강가로 향했다.

구름 한 점 없는 푸른 하늘과 나뭇잎을 흔들며 날아드는 시원한 바람, 그리고 들릴 듯 말 듯 흐르는 강물까지. 평화로움 그 자체였다.

낚시터에 도착한 노인은 한쪽에 자리 잡은 후 낚싯대를 물속에 드리웠다. 여자의 말마따나 낚시 바늘은 곧게 펴져 있었다. 그런 바늘에 물고기가 잡힐리 없었다. 그러거나 말거나 노인은 강물 위에서 흔들리는 낚싯줄을 바라보며 나지막한 목소리로 시를 읊기 시작했다. 강물도, 물고기도, 시간도 조용히 내려앉아 그가 읊는 시에 귀를 기울이는 듯했다. 그렇게 시간이 흘렀다.

해가 뿜어내는 열기가 조금씩 식어갈 무렵, 그의 옆으로 한 남자가 다가왔다.

"어르신, 많이 잡으셨습니까?"

"보면 모르시오? 한마리도 못 잡았소."

"한데 물고기를 잡을 생각은 정말 있으세요? 계속 지켜봤는데, 곧은 바늘만 자꾸 던지시는 것 같던데…. 물고기 잡을 생각도 없으시면서, 왜 낚시를 하시는 겝니까?"

"물고기에 정신 팔리면 정작 큰 걸 놓치는 법이오."

"큰 거라면 뭘 말씀하시는 것인지요?"

"뭐, 이를테면 세월이지요. 아니, 시간이라고 하는 것이 더 옳겠구먼. 뭐든지 시간이 필요한 법이오. 씨앗을 땅에 뿌렸다고 해서 다음날 바로 열매가 맺는 것은 아니잖소. 물도 주고, 거름도 주고, 사랑도 주면서 묵묵히 시간을 견디고 기다려야만 맛있는 열매가 열리는 법이오. 그러니 뭐든 열심히 준비한 후 기다리면 분명 좋은 날이 오지 않겠소?"

"물론입니다. 저 역시 그때를 기다렸는데, 그때가 바로 오늘인 것 같습니다. 어르신, 제 스승이 되어주십시오."

그러고는 고개 숙여 예의를 갖추었다. 남자의 갑작스러운 행동에 노인은 당황했다.

"아니, 갑자기 왜 그러시오? 그리고 뉘신데 한낱 촌로에 불과한 내게 그런 부탁을 하는 것이오?"

노인은 눈을 가늘게 뜬 채 눈주름을 만들어 남자를 쳐다보았다. 그리고 깜짝 놀랐다. 그 남자는 바로 주나라 문왕이었다.

"폐하, 제가 그만 죽을 죄를 지었습니다."

"아닙니다, 괜찮습니다. 그나저나 며칠 전 점괘에 위수에서 사냥하면 아주 큰 걸 수확할 것이라고 했는데, 바로 어르신인 것 같습니다. 제가 지금 이 나라를 새롭게 열려고 하는데 나라의 기틀을 잡아줄 사람이 필요합니다. 어르신이 바로 그 적임자인 듯합니다. 부디, 제 스승이 되어주십시오."

"저 역시 오랜 세월, 저를 알아줄 분을 기다렸습니다. 그때가 지금이고, 그분이 바로 주군이십니다."

그제야 노인은 문왕에게 큰절을 올려 예의를 표하더니, 낚싯대를 거두어 인정사정 볼 것 없이 꺾어버렸다.

얼마후 궁에 들어간 노인은 자신의 능력과 야심을 마음껏 펼쳤다. 비록 늦은 감은 있었지만, 그 기다림은 절대 헛되지 않았다. 오히려 더욱 화려하게 꽃을 피웠다. 문왕을 도와 나라를 번영하게 했을 뿐만 아니라 문왕의 둘째 아들 무왕과 함께 4만5천의 군사로 72만 은나라 군대를 무찔러 은나라를 멸망하게 했다. 또한, 책 집필에도 게을리하지 않아 《육도삼략》을 직접 썼는데, 이는 손무孫武가 《손자병법》을 집필하는 데 있어 중요한 참고자료가 되었다.

노인의 이름은 우리가 흔히 강태공姜太公으로 부르는 태공망太公望 여상呂尚이다. 강태공이란 이름은 태공망에서 따온 별칭으로, 주 문왕이 강태공을 만난 뒤 주나라 선조 태공 고공단보古公亶父가 언젠가는 주나라를 일으킬 훌륭한 인물을 만날 것이라고 예언했다면서, '태공께서 갈망하던', 즉 '태공망'하던 사람이 바로 당신이라고 한 데서 비롯되었다.

남들에겐 보잘것없고 무능한 사람으로 보였을지도 모르지만, 그는 분명 달랐다. 가슴 속에 큰 꿈을 품고 그 꿈을 이루기 위해서 묵묵히 준비하고 때를 기다렸기 때문이다. 이에 사람들은 강태공을 일러 '백가종사^{百家宗師}'라고 칭한다. '백가의 으뜸가는 스승'이라는 뜻으로, 여기서 말하는 '백가'란 '제자백가^{諸子百家}'의 그 '백가'로 일가를 이룬 많은 사상이나 학파 또는 문파를 가리킨다. 그렇다면 '백가종사'는 나름 일가를 이룬 사상가를 모두 아우르는 최고의 스승인 셈이다. 생각건대, 학문하는 사람에게 있어 그보다 더 명예로운 별칭은 없을 것이다.

기다림은 엎질러진 물과 같다. 한 번 엎질러진 물은 누구도 다시 되담을 수 없다. 그런 점에서 볼 때 강태공은 분명 때를 잘 알았고, 자신을 알아주는 사람이 나타나기를 진득하게 기다릴 줄 알았다. 자신을 이해하지 못하는 사람을 만나면 아무리 때를 잘 만나도 자신의 뜻을 펼치기 어렵기 때문이다. 강태공의 낚싯대에 걸친 세월의 무게는 곧 이런 그의 경륜을 의미했다. 즉, 그에게 있어서 세월을 낚는다는 것은 지난 시간에 대한 되돌아봄이자, 현재에 대한 반성이며, 미래를 기다리는 입체적인 행위였다.

준비된 기다림 앞에서는 그 무엇도 걸림돌이 될 수 없다. 제대로 된 기다림의 마지막 수순은 확고부동한 결단과 행동이기 때문이다. 72년의 기다림 끝에 세상을 얻은 강태공의 삶이 그것을 여실히 증명하고 있다.

"운도 지지리도 없다고 하늘의 무심함을 탓하지 말라. 내가 수십 년간 낚시를 벗하며 때를 기다리는 동안 조강지처마저 나를 버리고 도망갔다. 검은 머리가 백발이 되고 나서야 문왕 서백을 만나 은나라 주왕을 멸하고 주나라를 세울 수 있었다. 나는 숱한 세월을 낚으며 늙은이가 되었지만, 절대 하늘을 원망하거나 포기하지 않았으며, 그 인내의 결실이었던 단 한 번의 기회로도 천하를 얻을 수 있었다."

― 태공망, 여상

어떤 순간에도 '나는 할 수 있다', '나는 된다'라고 믿어라.
흔들리지 않는 신념이야말로 생각을 '힘'과 '능력'으로 바꾼다.
나아가 그것은 마음속의 장애물과 한계를 극복하고
정상에 서게 하는 가장 강력한 성공 법칙이다.

LIfe is not a speed but a direction _ 10

멈추지 마라!
멈추는 순간, 꿈도 인생도 멈춘다

꿈을 이루려면 어떤 일에도 흔들리지 않는 신념을 지녀야 한다. 신념은 자기 자신에 대한 믿음, 이루고자 하는 일에 대한 열망, 반드시 해내고야 말겠다는 강한 의지의 표출이다. 그 때문에 한 번 굳어진 신념은 그 무엇이 방해하고, 누군가가 굴복시키려고 해도 절대 쉽게 무너지지 않는다. 나아가 시간이 지날수록 그것은 엄청난 힘을 발휘해서 결국 목표를 이루게 한다. 하지만 의심과 두려움에 조금이라도 자리를 내주면 신념은 모래성처럼 힘없이 무너진다.

책을 좋아하는 소녀가 있었다. 소녀는 주말마다 도서관을 찾았다. 소녀에게 있어 도서관은 허기진 마음을 채우는 작은 둥지였다.

오늘도 소녀는 보고 싶은 책을 사서의 카운터 위에 올려놓았다. 머리가 하얀 도서관 사서는 소녀가 고른 책에 대여 날짜가 찍힌 도장을 찍어주었다. 그때 소녀의 눈에 잘 진열된 신간이 보였다. 순간, 까닭 모를 부러움이 소녀를 사로잡았다.

그날 밤, 소녀는 자신의 인생 목표를 세웠다. 그리고 다음 날 도서관 사서에게 이렇게 말했다.

"저도 이다음에 작가가 되어서 아이들이 볼 수 있는 책을 쓸 거예요."

사서는 도장을 찍다 말고 미소를 지으며 소녀를 쳐다보았다. 그러고는 이렇게 말했다.

"그럼, 나중에 우리 도서관에 꼭 가져오렴. 잘 보이는 곳에 예쁘게 진열해줄 테니."

소녀는 꼭 그렇게 하겠다며 약속했다.

세월이 흘러 중학생이 된 소녀는 첫 번째 글쓰기를 시작했다. 지방 신문에 간단한 인물 프로필을 써주고 1달러 50센트를 받기로 한 것이다. 자신이 쓴 글이 신문에 실리는 마술 같은 일에 비하면 돈의 액수쯤은 아무 상관 없었다. 하지만 책을 쓰는 일은 여전히 멀게만 느껴졌다. 고등학교에 다닐 때 역시 마찬가지였다. 학교 신문 편집을 맡았지만, 딱히 내세울 만한 글을 쓰진 못했다.

졸업 후 결혼하면서 책을 쓰겠다는 꿈은 더욱 멀어졌다. 하지만 글을 쓰겠다는 욕망이 언제나 마음 깊은 곳에서 그녀를 쿡쿡 찔렀다. 결국 그녀는 주간 신문사의 시간제 일자리를 얻어 학교 소식란을 맡았다. 아이들을 키우면서 일하느라 쉴 틈이 없었지만, 마음만은 매우 즐거웠다. 그리고 그것이 전환점이 되어 마침내 책을 쓰기 시작했고, 얼마 후 완성한 원고를 두 군데 출판사에 보냈다. 하지만 책으로 출간하기에는 적합하지 않다는 말을 들어야만 했다.

몇 년 후, 그녀는 다시 새로운 책을 썼다. 그리고 예전에 썼던 원고와 함께 출판사에 보냈는데, 다행히 두 원고 모두 계약하는 데 성공했다. 하지만 책의 출판은 신문이 나오는 속도보다 훨씬 느렸다. 자신의 꿈을 두 손에 받아들이기까지는 너무도 오랜 세월을 기다려야 했다. 그렇게 2년이란 시간이 흘렀다. 저자 증정본이 상자에 담겨 문 앞에 배달되던 날, 그녀는 결국 울음을 터뜨리고 말았다. 순간, 어린 시절 도서관 사서의 말이 떠올랐다. 그리고 자신이 한 약속도. 물론 그 사서는 이미 오래전에 세상을 떠났고, 도서관 역시 큰 건물로 완전히 바뀌었지만, 그 약속을 저버릴 수는 없었다. 열 살 소녀에게 그것은 너무도 소중한 추억이었기 때문이다.

결국, 그녀는 도서관으로 전화해서 새로운 사서의 이름을 알아내어 그녀에게 전임 사서가 어린 시절 자신에게 했던 말이 얼마나 큰 의미를 지녔는지에 대해 편지를 썼다. 그리고 얼마 후 고등학교 졸업 30주년 동창회에 참석하기 위해 고향에 갈 예정인데, 그때 도서관에 들러 책을 증정할 수 있게 해달라고 했다.

며칠 후, 한 통의 전화가 걸려왔다. 그녀가 편지를 보낸 도서관 사서였다.

"기다리고 있을 테니, 꼭 오세요."

얼마 후, 그녀는 약속대로 자신의 책 두 권을 들고 도서관을 찾았다. 새로 지어진 도서관은 자신이 다녔던 고등학교 건너편에 있었다. 수학 문제와 씨름하던 교실 바로 맞은편이었다.

사서는 인터뷰를 하기 위해 지방 신문 기자와 함께 그녀를 기다리고 있었다. 그녀가 오래전에 글을 실어달라고 했던 신문사였다.

그녀는 사서에게 자신의 책을 증정했다. 책을 받은 사서는 그것을 간단한 소개 글과 함께 카운터 위에 세워 놓았다. 그걸 보자 감격의 눈물이 그녀의 뺨을 타고 흘렀다. 비록 38년이란 세월이 흘렀지만, 꿈은 실현될 수 있다는 것을 증명하는 순간이었다.

잠시 후, 그녀는 한 어린 소녀와 함께 도서관 푯말 앞에서 사진을 찍었다. 푯말 옆의 게시판에는 큼지막하게 이런 글이 쓰여 있었다.

"잔 미첼, 돌아온 걸 환영해요!"

위 이야기는 미국 캘리포니아 어느 마을에서 실제로 일어났던 일로, 신념이 얼마나 중요한지에 대해서 말해주고 있다.

"목표를 현실로 만들려면 무엇이 가장 중요하다고 생각하는가?"

주변 사람 모두가 "그 꿈은 절대 이루어질 수 없다"라고 하거나, 다른 사람들이 선택한 길과 전혀 다른 길을 가야 한다면 어떻게 할 것인가?

삶의 목표에 따른 장기적·단기적 계획을 세웠다면, 이제 그것을 어떻게 이룰 것인지에 집중해야 한다. 그것을 이루려면 가장 필요한 것은 무엇일까? 바로 마음의 힘, 즉 '신념'이다. 반드시 목표를 이루고야 말겠다는 흔들리지 않는 믿음이 있어야만 정상에 우뚝 설 수 있다.

"일념(一念)은 이어가도 이념(二念)은 일으키지 말라"라는 일본 속담이 있다. '한 가지 일을 시작하면 다른 생각은 절대 하지 말라'라는 뜻이다. 서양에도 그와 비슷한 말이 있다.

"신념은 산을 움직이며, 의지는 하늘을 움직인다."

그만큼 신념은 중요하다. 노력만으로는 절대 성공할 수 없기 때문이다.

만일 열심히 노력하지만, 성공할 수 있다고 믿지 않는 사람과 노력은 비교적 덜 하지만, 성공을 확신하는 사람이 있다면 누가 성공할 확률이 더 높을까?

성공학 연구자들에 의하면, 자신을 믿는 사람이 성공할 확률이 훨씬 높다고 한다. 성공은 자신을 굳게 믿고 실천하는 사람에게만 주어지기 때문이다.

신념은 목표를 이루는 데 필요한 힘과 에너지, 기술을 제공한다. 그 때문에 '나는 할 수 있다'라고 믿으면, 자신도 모르게 그것을 할 수 있게 된다.

어떤 순간에도 '나는 할 수 있다', '나는 된다'라고 믿어라. 흔들리지 않는 신념이야말로 생각을 '힘'과 '능력'으로 바꾼다. 나아가 그것은 마음속 장애물과 한계를 극복하고 정상에 서게 하는 가장 강력한 성공 법칙이다.

Half _ Time Messenger 10 천상의 목소리를 지닌 가수, 나나무스쿠리

자기 삶을 믿고 응원하라

열 살 소녀가 극장에서 처음으로 공연을 보았다. 그날 소녀는 눈이 퉁퉁 부어서 집에 돌아왔다. 깜짝 놀란 엄마가 그 이유를 묻자, 소녀는 이렇게 말했다.

"난 이렇게 살기 싫어. 평범한 사람들과 함께 관객 속에 있고 싶지 않단 말이야. 나는 무대에 있고 싶어."

그렇게 15년의 세월이 흘렀다. 소녀는 〈그리스 음악제〉에서 대상과 차상을 휩쓸며 세상의 주목을 받았다. 마이크를 잡은 소녀, 아니 여인은 더는 울지 않았다. 온 세상이 자신의 무대가 되었기 때문이다.

"나는 노래하기 위해서 태어난 사람입니다. 노래를 통해 사랑이 존재한다는 사실을 증명하고 싶습니다. 사랑은 어디에나 있고, 음악은 모든 벽을 허물게 하니까요."

그때부터 그녀는 노래를 통해 사랑을 전하는 일에 평생을 바쳤다. 사

람들은 그런 그녀를 일컬어 천상의 목소리를 지녔다고 했다.

검은 뿔테 안경, 긴 생머리, 흰 드레스에 청아한 목소리로 부르는 감미로운 노래하면 떠오르는 그녀. 그녀의 이름은 '아테네의 흰 장미'로 불리는 나나 무스쿠리$^{Nana\ Mouskouri}$다.

발라드와 샹송, 가스펠 등 장르를 넘나들며 수많은 곡을 천상의 노래로 재탄생시킨 나나 무스쿠리는 총 450여 장의 앨범을 발매했는데, 그중 350여 장이 골드 디스크나 플래티넘 디스크가 되어 팝 역사상 가장 많은 음반을 판매한 여성 가수로 기록되었다.

이렇듯 세대를 뛰어넘어 남녀노소 모두에게 많은 사랑을 받는 가수였지만, 그녀의 삶은 평범하기 그지없었다. 너무 평범한 나머지 외모 콤플렉스에 시달리기도 했다. 실제로 외모 때문에 냉대를 당했던 경험도 많았다.

"난 어렸을 때부터 혼자 지내는 데 매우 익숙했다. 그래서 누군가가 나를 좋아할 것이라는 생각은 단 한 번도 해본 적이 없다. 생각해 보라, 안경 쓴 뚱뚱한 여자를 어느 누가 좋아하겠는가?"

그녀가 대단한 이유는 바로 그런 콤플렉스를 스스로 극복했기 때문이다. 그것도 자신만의 방식으로. 과연, 그녀는 어떻게 콤플렉스를 극복했을까?

그녀의 말을 빌리자면, 비록 못나고 미워도 자기 자신을 사랑했기 때문이다. 그녀는 그 사실을 그리스 수상 부부로부터 배웠다고 한다.

"어느 날, 수상 부부가 저를 찾아왔어요. 당시 저는 외모 콤플렉스 때문에 무척 괴로워하고 있었죠. 그 모습을 본 수상 부부는 제게 이렇게 말했어요. '자신을 더 발전시킬 수 있느냐 없느냐는 오로지 자기 자신에게 달려있다. 다른 사람들이 뭐라고 하건 절대 신경 쓰지 마라. 자기 인생을 개척해 나가는 데 있어서 두려워해야 할 대상은 오직 자기 자신뿐이다. 그러니 자기 자신을 사랑하는 사람이 되어야 한다.' 그때부터 제 삶은 변하기 시작했습니다."

그녀는 1993년 유니세프 인권대사, 1994년부터 5년 동안 유럽연합의회 그리스 대표로 활약하면서 사회사업과 인권신장 등에 노력한 현실 참여 가수로도 널리 알려져 있다. 특히 2007년 태안 기름 유출 사고 당시 피해를 본 어민들을 위해 공연 수익 1만 달러를 기부하기도 했으며, 2010년에는 경제 위기로 어려움에 부닥친 조국, 그리스를 위해 연금을 반납하기도 했다.

자신의 도움이 필요한 곳이면 어디든지 찾아가서 봉사하겠다며 은퇴라는 말을 거부했던 그녀. 하지만 그녀 역시 결국 은퇴해야만 했다.

"나만은 늙지 않을 줄 알았다. 하지만 세월은 누구도 피할 수 없는 것 같다. 나도 이제 은퇴해야 할 때가 되었다. 그렇다면 내 다리로 무대에 설 수 있을 때 떠나는 게 가장 좋을 것 같다."

자기 삶을 믿고 응원하라. "노래하도록 태어났고, 노래밖에 모르고 살았다"라는 나나 무스쿠리의 말처럼 자기 자신을 사랑하지 않고서는 무엇도 성취할 수 없다. 그런 점에서 볼 때 확고한 신념만큼 빛나는 성공

비결은 없다. 아무리 능력이 뛰어난 사람도 확고한 신념 없이는 원하는 것을 절대 얻을 수 없기 때문이다. 이에 대해 세계적인 동기부여가인 노만 빈센트 필$^{\text{Norman Vincent Peale}}$은 이렇게 말했다.

"자기 자신을 믿어라. 자기 재능을 신뢰하라. 생각을 바꿔라. 그러면 세상을 바꿀 수 있다. 성공은 신념의 산물이다. 신념이 없으면 성공도 행복도 없다."

성공하고 싶은가? 그렇다면 가장 먼저 자기 의심과 불신을 버려라. 자신을 믿지 않고 의심하면 힘은 힘대로 들면서 부정적인 결과만 낳을 뿐이다. 더욱이 그것은 잠재의식에도 큰 영향을 미쳐 결국 부정적인 자아를 만든다.

어렵고 힘든 장애물이 앞을 가로막을 때마다 '나는 반드시 성공할 것이다'라고 믿고 자기 암시를 걸어야 한다. 할 수 있다는 강한 자신감과 어떻게 하면 더 좋은 결과를 만들 수 있는지에 대한 끊임없는 생각과 노력, 그리고 그것을 실천하는 사람에게만 성공의 문은 열리는 법이다.

삶은 비밀번호를 맞춰서 여는 자물쇠와도 같다.
정확한 번호를 올바른 순서대로 돌리기만 하면 반드시 열리게 되어 있다.
다만, 맞춰야 할 비밀번호가 많을 뿐이다.
하지만 찾고자 하면 누구나 찾을 수 있다.
언제나 성공한 것처럼 말하고 행동하라.
패배나 실패는 절대 떠올려선 안 된다.
어떻게 생각하느냐에 따라 삶은 크게 달라진다.

LIfe is not a speed but a direction _ 11

나는 왜 남들처럼 성장하지 못할까?

"나는 왜 남들처럼 성장하지 못할까?"

많은 사람이 이런 의문을 품고 산다. 중요한 것은 그런 사람일수록 자기 삶이 다른 사람과 비교해서 매우 초라하다고 생각한다는 것이다. 그 이유는 지금까지 살아온 방식을 버리지 못했기 때문이다.

성장은 뒤가 아닌 앞으로 나아가는 것이다. 그러자면 등 뒤에 매달려 있는 과거를 과감히 떨쳐내야 한다. 그래야만 그 자리에 새로운 것을 채울 수 있다.

삶은 우리에게 항상 도전을 요구한다. 문제는 도전에는 언제나 두려움이 뒤따른다는 것이다. 만일 우리가 완벽하다면야 도전이 전혀 두렵지 않겠지만, 우리는 누구도 완벽하지 않다. 오히려 단점과 실수투성이다. 그러다 보니 뭔가에 도전할 때면 항상 두려워하기 일쑤다.

도전 앞에서 사람은 크게 두 부류로 나뉜다. 도전을 무조건 피하려는 사람과 정면으로 부딪치는 사람이 바로 그것이다. 도전을 피하면 당장은 편할지 모르지만, 아무 발전 없는 삶을 살게 된다. 반대로 도전에 정면으로 부딪치면 자신의 한계와 단점을 극명하게 느낄 뿐만 아니라 정신적, 육체적 고통 역시 뒤따르지만, 의미 있는 결과를 얻을 수 있다. 도전하겠다는 마음을 품는 순간, 자신감이 충만해지는 것은 물론 훨씬 발전한 미래의 나와 만날 가능성이 크기 때문이다. 그런 점에서 볼 때 도전만큼 우리를 단단하게 하고 성장하게 하는 일도 없다.

세계적인 축구 스타 리오넬 메시Lionel Messi는 자신의 한계와 단점을 장점으로 만든 것으로 유명하다. 그는 어린 시절부터 스스로 단점이 아주 많다고 생각하고, 그것을 극복하기 위해 다른 선수들보다 훨씬 열심히 훈련했다. 그가 언제나 최고의 위치에 있음에도 정체되지 않고 계속 발전하는 것은 바로 그 때문이다.

"나는 열한 살 때 충격적인 사실을 알게 되었다. 성장 호르몬 이상으로 키가 더는 자랄 수 없다는 것이었다. 축구선수인 내게 매우 불리한 상황이었지만, 오히려 그것이 나를 더 강하고 뛰어난 선수로 거듭나게 했다. 그때부터 공을 공중으로 띄우지 않는 기술을 열심히 갈고닦았기 때문이다. 그 결과, 지금은 누구도 내 공을 함부로 빼앗을 수 없을 뿐만 아니라 어떤 상황에서도 골을 넣을 수 있게 되었다."

이렇듯 '어떻게 생각하느냐'에 따라서 단점은 장점이 될 수도 있다.

50년 동안 성공과 행복에 관해 연구한 하버드대 에드워드 밴필드Edward Banfield 박사의 '시간 전망Time Perspective'이라는 이론이 있다. 시간 전망이란 지금의 행동과 의사결정이 미래에 끼칠 영향력을 말하는 것으로, 뭔가를 성취하려면 과거의 시간에 머물거나 눈앞의 이익만 좇지 말고 멀리 보고 길게 봐야 한다는 것이다. 즉, 시간 전망이 길수록 성공과 행복의 비율은 높아진다. 예컨대, 《가시나무 새》의 작가 콜린 매컬로Colleen McCullough는 로마 제국의 역사를 다룬 책《Masters of Rome》을 쓰기 위해 13년의 준비 기간을 가졌으며, 마가렛 미첼Margaret Mitchell 역시 《바람과 함께 사라지다》를 쓰기 위해 20년 동안 자료를 수집했다.

불행과 시련에 부딪히면 거기에 갇히지 말고 인생을 길고 멀리 봐야 한다. 그래야만 불행과 시련에서 벗어날 수 있다.

불행과 시련을 극복하는 가장 좋은 방법은 바로 강렬한 믿음과 자신감이다. 따라서 '반드시 극복할 수 있다'라는 믿음과 자신감을 끊임없이 품어야 한다. 그것을 잃으면 삶의 의욕마저 놓칠 수 있다.

모든 사람은 최고의 능력을 지니고 태어난다. 비록 구름 속에 가려져 있지만, 태양은 항상 존재하지 않던가. 우리는 태양과도 같은 존재다. 그러니 자신을 믿고, 자기 능력을 믿어야 한다.

잠들기 전 자신감 넘치는 상상을 해보자. 미래에 대한 기대감과 설렘으로 머릿속을 가득 채우면 그 잠재의식은 하나의 명령이 되어 긍정적인 행동을 끌어낼 것이다.

주위를 살펴보면 삶의 길을 제대로 찾지 못해서 방황하거나 자신의 재능을 끊임없이 의심하면서 실의에 빠진 이들이 적지 않다. 하루가 멀다고 다양한 성공 법칙이 소개되는 성공 법칙 인플레이션 시대에 왜 이런 현상이 일어나는 것일까? 손쉽게 성공하는 길을 안내하는 지도를 따라갔다가 실패했거나 막연히 '성공할 수 있다'라는 유혹에 빠진 탓은 아닐까?

미국 토크쇼 진행자로 동기부여에 관한 한 최고의 전문가로 꼽히는 배리 파버Barry Farber는 "누구나 자신에게 '주어진 것'으로 무엇을 해야 할지 결정해야 한다. 우리는 모두 무한한 잠재력이 있는 '다듬어지지 않은 다이아몬드'다"라고 말한다. 다이아몬드는 어떻게 갈고 닦느냐에 따라서 빛나는 보석이 될 수도 있고, 거친 원석으로 영원히 남을 수도 있다.

누구나 다이아몬드 원석처럼 성공과 실패의 열쇠를 자기 안에 함께 갖고 있다. 어떻게 하면 다이아몬드 원석을 보석으로 바꿀 수 있을까?

배리 파버는 이렇게 말한다.
"종이에 1년 동안 이루고 싶은 목표를 10가지 써라. 그리고 그중 가장 중요한 목표를 선택해서 다시 작은 종이에 쓴 후 그것을 지갑에 넣고, 눈에 보이는 곳에 붙여 두어라. 다른 사람들에게도 그것을 말한 후 적극적인 조언을 부탁해라."

누구나 '최고'가 되기를 원한다. 하지만 어떤 사람은 그 꿈을 비교적 쉽게 이루지만, 평생을 가도 그 꿈을 이루지 못하는 사람도 있다. 과연, 무엇이 그 차이를 결정할까?

내 안에 숨은 잠재력을 깨워야 한다. 자신이 미처 모르고 있던 숨은 능력과 가치를 끄집어내어 진정한 힘을 발휘해야만 최고가 될 수 있기 때문이다. 우리는 지금 빛나는 가치와 무한한 가능성을 지닌 다듬어지지 않은 원석에 불과하다. 이 사실을 절대 잊지 말아야 한다. 그것을 보석으로 만들지 거친 원석으로 남을지는 각자의 몫이다.

리더십 코칭의 대가 데일 카네기가 라디오 방송에 출연했을 때의 일이다. 지금까지 배운 삶의 최고 교훈을 묻는 진행자의 말에 카네기는 이렇게 말했다.

"우리가 무엇을 생각하고 있는지 아는 것이 중요합니다. 그가 무엇을 생각하는지 알 수 있다면, 어떤 인물인지도 알 수 있기 때문입니다. 나아가 우리가 생각하는 것이 우리를 만듭니다. 즉, 누구나 생각을 바꾸는 것만으로도 삶을 얼마든지 바꿀 수 있습니다."

삶은 비밀번호를 맞춰서 여는 자물쇠와도 같다. 정확한 번호를 올바른 순서대로 돌리기만 하면 반드시 열리게 되어 있다. 다만, 맞춰야 할 비밀번호가 많을 뿐이다. 하지만 찾고자 하면 누구나 찾을 수 있다. 언제나 성공한 것처럼 말하고 행동하라. 패배나 실패는 절대 떠올려선 안 된다. 어떻게 생각하느냐에 따라 삶은 크게 달라진다.

Half _ Time Messenger 11 도전을 즐기는 '괴짜 CEO', 리처드 브랜슨

스스로 즐겁지 않은데 어떻게 성공할 수 있겠는가?

열여섯 살이 된 브랜슨은 학교를 그만두기로 하고, 그 사실을 엄마에게 말했다. 그러자 엄마는 이렇게 말했다.

"네 인생이잖니. 네가 결정하고, 책임지면 된단다."

사실 브랜슨은 오래전부터 잡지를 만들고 싶었다. 하지만 안타깝게도 그는 선천성 난독증을 앓았다. 난독증이란 글자나 단어를 뒤집어 읽거나 잘못 읽는 병이다. 예를 들면, 숫자 6을 9로, 알파벳 C를 S로 읽거나 Good bye를 Bye good으로 읽기도 한다. 그런 장애를 지닌 그가 잡지를 만들겠다니, 도저히 불가능한 일이었다. 그런데도 그는 얼마 후 〈Student〉란 학생 잡지를 발행했다.

〈Student〉는 정부나 학교가 행하는 교육에 대한 불합리한 관행과 학생들의 인권에 대해서 주로 다루었다. 나름대로 색깔도 있었고, 전문성도 갖췄지만, 판매는 기대에 미치지 못했다. 그나마 사업 아이템을 하나 얻

은 것이 값진 수확이었다. 바로 '음반사업'이었다. 학생들과 젊은 사람들은 아무리 비싸도 갖고 싶은 음반이 있으면 반드시 산다는 사실을 알게 된 것이다.

생각을 행동으로 옮기기를 주저하지 않던 브랜슨은 결국 얼마 후 음반사업에도 뛰어들었다. 회사 이름은 〈Virgin record〉로 정했다. 'Virgin'은 '처녀'라는 뜻으로 주위 사람 대부분이 성적 호기심을 자극한다며 반대했지만, 그는 '처음 그대로 순수한 느낌'이라는 의미에서 그 이름을 밀어붙였고, 사업은 큰 성공을 거두었다.

통신판매를 통해 큰 수익을 올린 그는 다른 음반매장과의 차별을 꾀했다. 기존 음반매장은 음반만 판매하는 게 전부였지만, 그는 여유롭게 음악을 듣는 것은 물론 편안하게 휴식도 할 수 있게 매장을 꾸몄다. 음반이 아닌 문화를 판매한다고 생각했기 때문이다. 그리고 그 아이디어는 적중했다. 매장은 순식간에 사람들로 가득 찼다. 그걸 본 그는 다시 새로운 일에 도전하고 싶어졌다.

직원들과 아이디어 회의를 하던 중 마이크 올드필드 Mike Oldfield 라는 음악 천재에 관해서 이야기할 때였다.

"열다섯 살밖에 안 된 소년이 악기를 그렇게 멋있게 연주할 수 있다니, 정말 환상적이지 않아요?"

"그러게 말입니다."

"그런데 음반 회사들은 왜 관심이 없을까요? 아예 들으려고조차 하지 않잖아요. 그래서 말인데, 우리가 직접 해보는 건 어떨까요?"

그 말에 모두 브랜슨이 제정신이 아니라고 생각했다. 당시 〈Virgin record〉는 소규모로 우편 주문 사업을 하고 있었을 뿐 제대로 된 음반사는 아니었기 때문이다. 그러니 음반을 직접 제작하자는 그의 말은 도박에 가까웠다. 결과적으로, 그의 결정은 오늘날 세계 30여 개국에서 200여 개 계열사를 거느린 버진그룹의 도약을 이끌었다. 올드필드의 앨범이 일 년 만에 무려 5백만 장 이상 팔리는 대성공을 거둔 탓이었다.

브랜슨의 생각은 어디로 튈지 모르는 럭비공과도 같았다. 무엇보다도 한 번 생각하면 그것을 즉시 실행으로 옮겼다.

'사업에만 열중하다 보니 인생이 지루하고 재미없군. 뭐 즐거운 일 없을까?'

어느 날 그는 하늘을 쳐다보며 혼잣말을 중얼거렸다. 그때 기막힌 아이디어가 떠올랐다.

'그래, 열기구를 타고 하늘을 나는 거야!'

이 역시 얼마 후 실행되었다. 열기구를 타고 대서양 횡단에 나선 것이다. 하늘에서 신선한 공기를 마시며 손에 잡힐 것만 같은 구름을 보니 가슴이 뻥 뚫리는 것만 같았다. 하지만 열기구 여행은 생각만큼 낭만적이지 않았다. 무엇보다도 강한 바람 때문에 방향을 제대로 조절할 수 없었다. 결국, 열기구는 목표지점에서 훨씬 벗어난 아일랜드 인근 바다에 착륙하고 말았다. 하마터면 목숨을 잃을 뻔한 위험한 순간도 수차례 경험했다.

보통 사람이라면 그쯤에서 도전을 끝냈을 것이다. 하지마 브랜슨은 달랐다.

그의 두 번째 열기구 여행은 일본에서 시작해 태평양을 건너 캐나다에 도착하는 것이었다. 누가 봐도 무모한 도전임이 틀림없었다. 그러나 그의 생각은 달랐다.

"괜찮아요. 아직은 이 일이 재미있습니다. 만일 이 일이 싫증 나면 다른 일을 찾아서 도전할 것입니다. 그러니 저를 말려봤자 아무 소용없습니다. 제가 이걸 타고 하늘로 올라가면 사람들이 매우 재미있어하겠죠? 하하하. 사람들이 재미있으면 저도 즐겁습니다."

'창조경영의 아이콘', '괴짜 CEO', '엉뚱한 모험가' 등의 수식어를 달고 다니는 그. 그가 바로 전 세계에 약 200여 개 이상의 기업을 거느린 버진그룹 창업자 리처드 브랜슨$^{Richard\ Branson}$으로 세계 최초로 우주여행에 나서 우주여행을 한 최초의 민간인으로 기록되기도 했다. 이때 그의 나이 일흔이었다.

그는 '영국의 스티브 잡스'라 불릴 만큼 창조경영의 아이콘으로도 유명하다. 아닌 게 아니라 그의 말과 기행은 스티브 잡스와 적지 않게 닮았다. 그는 왜 이렇게 독특한 행동을 하는 것일까? 그 이유에 대해 브랜슨은 이렇게 말한 바 있다.

"내가 도전하는 이유는 Virgin이라는 브랜드 때문이다."

그는 회사 이름을 홍보하는 데 자신을 아낌없이 내던졌다. 여자처럼 화장하고 웨딩드레스를 입기도 했으며, 인도 왕자처럼 차려입고 드럼을 치면서 뭄바이 빌딩 꼭대기에서 뛰어내리기도 했다. 또한, 버진 모바일이 미국에 진출했을 때는 맨해튼 타임스퀘어에서 휴대전화로 장식한 팬티만 입은 채 뛰어내리기도 했다.

언젠가 누군가가 그에게 이렇게 물었다.

"왜 그런 무모한 일들을 하는 것입니까?"

그러자 그는 이렇게 말했다.

"내 인생의 관심사는 불가능할 것 같은 일에 도전해서 그것을 성취하는 것입니다. 그러자면 도전 자체가 즐거워야 합니다. 그렇지 않으면 다른 길을 선택해야죠. 스스로 즐겁지 않은데 어떻게 좋은 성과가 나올 수 있겠어요?"

지금 하는 일이 즐거운가? 만일 대답하기가 곤란하거나 망설여진다면 지금 하는 일이 즐겁지 않다는 방증이다. 그렇다면 리처드 브랜슨의 말처럼 이제 그만 다른 길을 택하는 것도 좋은 방법이지 않을까. 스스로 즐겁지 않으면 어떤 일도 즐길 수 없기 때문이다.

기회는 준비된 사람의 것이다. 야구 경기를 보면 9회까지 몇 번의 찬스, 즉 기회가 찾아온다. 그 기회를 잡는 팀은 승리하고, 놓치는 팀은 패한다.

현대 경영학의 창시자로 불리는 피터 드러커 Peter Drucker는 그의 저서 《매니지먼트》에서 그와 관련해서 이렇게 말했다.

"언제 기회가 찾아올지는 누구도 예측할 수 없다. 하지만 준비되어 있지 않으면 기회는 다른 곳으로 가버린다."

스스로 기회를 만들어야 한다. 즉, 위기를 기회로, 패배를 성공으로, 좌절을 성취감으로 바꿀 수 있는 것은 오직 자신에게 달려 있다.

어떻게 하면 기회를 붙잡을 수 있을까?

기회를 붙잡으려면 그에 걸맞은 준비와 실행력을 갖춰야 한다. 예컨대, 모든 것에는 타이밍, 즉 '때'가 있다. 지혜로운 사람일수록 때를 잘 안다. 뛰어난 농부일수록 씨를 뿌릴 때와 물을 줘서 가꾸고 거둘 때를 잘 알고, 뛰어난 어부일수록 바다의 밀물과 썰물의 물때를 잘 파악해서 그물을 치는 것과 같은 이치다.

누구나 인생에 세 번의 기회가 온다고 한다. 이미 두 번의 기회가 지나갔다면, 이제 단 한 번의 기회가 남아 있다. 그것을 놓치지 않아야 한다. 그러자면 지금까지와는 달라야 한다. 무엇보다도 기회는 스스로 찾고자 하는 사람만이 얻을 수 있다. 아무런 노력도 하지 않는 사람에게 기회는 절대 오지 않는다.

자신에게 끊임없이 질문하면서 남은 삶을 미래에 투자하라. 좋은 목표 설정이란 미래를 생각하며, 자신을 끊임없이 바꿔나가는 것이다. 미국의 심리학자 윌리엄 제임스(William James)의 말마따나, 생각이 바뀌면 행동이 바뀌고, 행동이 바뀌면 습관이 바뀌며, 습관이 바뀌면 인격이 바뀌고, 인격이 바뀌면 운명이 바뀌기 때문이다.

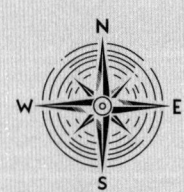

모든 것을 걸고라도 반드시 이루고 싶은 결연한 목표가 있는가?
그것을 이루는 방법은 하나뿐이다.
더는 도망갈 수 없는 벼랑 끝에 자신을 세워라.
이 세상에 죽을 각오로 맞서는 사람보다 강한 사람은 없다.
삶은 우리가 무엇을 하며 살아왔는가의 합계가 아닌
무엇을 절실하게 희망해 왔는가의 합계임을 잊어선 안 된다.

LIfe is not a speed but a direction _ 12

삶과 맞서 싸울 때 기적은 찾아온다

모든 사물에는 '임계점'이 존재한다. 임계점이란 '경계에 다다른 지점'이라는 뜻으로 어떤 상황이 처음에는 미미하게 진행되다가 어느 순간 갑자기 모든 것이 급격하게 변하기 시작하는 극적인 순간을 의미하는 '티핑 포인트 Tipping Point'를 말한다.

모든 사물은 티핑 포인트에 이르면 폭발적으로 성장한다. 다만, 거기에 이르는 과정이 어렵고 힘들 뿐이다.

열심히 해도 나아지는 것이 없고, 항상 제자리걸음일 때 대부분 사람은 그만 포기하고 싶어 한다. 하지만 그 순간에 주저앉느냐 버텨내느냐가 그다음 단계, 나아가 최종적인 성패를 결정한다면 어떻게 될까?

성공한 사람일수록 한 번 목표를 정하면 절대 흔들리지 않는다. 그들은 간절함과 절박함으로 끝까지 참고 버티면서 자신을 벼랑 끝으로 내몬다.

"성공하고 싶은가? 그렇다면 자신을 벼랑 끝에 세워라."

사람들이 위기에 처할 때마다 습관적으로 하는 말이 있다. "배수진背水陣의 각오로 임하겠다"라는 말이 바로 그것이다. 알다시피, 배수진은 '어떤 일에 대해서 죽음을 각오하고 있는 힘을 다하겠다'라는 뜻이다. 하지만 자세히 들여다보면 그 안에는 '어떻게든 이기겠다'라는 굳은 의지와 각오가 담겨 있다.

배수진은 《사기史記》〈회음후淮陰侯 열전〉에 나오는 말이다. 회음후는 중국 역사상 최고의 명장이자 전략가로 꼽히는 한신韓信을 말하는 것으로, 그가 태어난 고향 이름에서 유래했다.

한 고조 유방이 제위에 오르기 2년 전인 204년, 유방은 한신에게 조나라를 공격하라고 명한다. 당시 한신의 군대는 3만 명에 달했지만, 모두 오합지졸이었다. 한신의 세력이 날로 강성해지는 것을 막고자, 유방과 그의 참모들이 뛰어난 군사는 모두 차출했기 때문이다. 하지만 그런 열악한 상황에서도 한신은 조나라 20만 군사에 맞서 대승을 거두었다. 이때 쓴 병법이 바로 배수진이다.

사실 배수진은 병법의 상식에 어긋나는 전략이다. 퇴로를 차단한 까닭에 잘못하면 몰살당할 수도 있기 때문이다. 그런 까닭에 당시 한신의 전략에 의문을 제기하는 사람도 적지 않았다. 이에 대해 한신은 이렇게 말했다.

"제대로 된 훈련조차 받지 못한 오합지졸의 군사를 독려하려면 그 방법밖에는 없었다. 무릇, 사람은 죽을 위기에 처해야만 살려고 발버둥 치기 때문이다."

임진왜란 당시 이순신 장군 역시 그와 같은 전략을 구사한 적 있다. 장군은 명량해전을 앞두고 겁에 질린 군사들에게 '필사즉생 필생즉사必死卽生必生卽死'의 자세로 적과 맞서 싸우라고 했다. 즉, '죽기를 각오하고 맞서면 살길이 열린다'라며 결사 항전의 굳은 의지를 다질 것을 독려했다. 그렇게 해서 단 12척의 배로 330여 척에 달하는 왜군의 배를 이기는 대승을 거두었다.

모든 것을 걸고라도 반드시 이루고 싶은 결연한 목표가 있는가? 그것을 이루는 방법은 하나뿐이다. 더는 도망갈 수 없는 벼랑 끝에 자신을 세워라. 이 세상에 죽을 각오로 맞서는 사람보다 강한 사람은 없다. 삶은 우리가 무엇을 하며 살아왔는가의 합계가 아닌 무엇을 절실하게 희망해 왔는가의 합계임을 잊어선 안 된다.

누구나 모든 것을 걸고라도 반드시 이루고 싶은 꿈과 목표가 있다. 삶은 그것을 이루는 과정이다. 하지만 그것을 이루는 과정은 절대 만만치 않다. 삶의 순간순간마다 고난과 시련이 앞을 가로막기 때문이다. 문제는 그것을 극복하면서 앞으로 나가야만 원하는 꿈과 목표에 이를 수 있다는 것이다. 그러자면 방법은 하나뿐이다. 더는 도망갈 수 없는 벼랑 끝에 자신을 세워야 한다. 병법으로 치면 배수진 전략을 펼쳐야 하는 셈이다. 하지만 말했다시피, 배수진은 병법에서 어긋나는 전략이다. 또한, 배수진 전략을 펼친다고 해서 누구나 성공하는 것도 아니다. 한신의 대성공 이후 수많은 장수가 배수진을 시도했지만, 대부분 실패했다는 것이 그 방증이다. 그 이유는 배수진이라는 전략에만 신경 썼을 뿐 그것을 이용하는 방법에서 치명적인 실수를 했을 뿐만 아니라 실패했을 때의 대비책 역시 전혀 세우지 않았기 때문이다.

배수진은 속도전이다. 즉, 오래 끌어서는 절대 안 되며 속전속결로 끝내야 한다. 오래 끌면 끌수록 백전백패하게 되어 있다. 실례로, 병자호란 당시 조선이 남한산성에서 무너진 이유는 시간을 너무 오래 끌었기 때문이다. 빠져나갈 곳이라고는 전혀 없는 절체절명의 상황에서 희망이 보이지 않으면 사람은 마음부터 무너지기 마련이다. 그렇게 되면 결국 삶의 의지마저 꺾이게 된다. 따라서 극한 상황에 몰렸을 때일수록 속도가 중요하다.

실패했을 때를 대비한 대책 역시 마련해둬야 한다. 자신에게 유리하고 좋은 점만 봐서는 절대 원하는 것을 얻을 수 없다. 최악의 상황과 불리한 점 역시 절대 간과해서는 안 된다. 그것이 승리의 최고 원동력이 될 수도 있기 때문이다. 그런 점에서 볼 때 배수진을 쳤지만, 실패한 이들은 자신에게 유리하고 좋은 점만 보고 불리한 점은 무시했다는 공통점이 있다. 그 때문에 위기에 처했을 때일수록 냉정하게 현실을 돌아보고 판단할 줄 알아야 한다.

우리 삶 역시 마찬가지다. 모든 일에 열정을 갖되, 항상 벼랑 끝으로만 너무 몰아세우려고 해서는 안 된다. 정말 간절한 목표에 대해서만 그런 각오로 맞서야 한다. 그렇지 않고 매번 결사 항전의 자세로 살면 마음이 지치기가 쉽다. 마음이 지치면 열정이 사라진다. 그만큼 삶이 버겁고 힘들어진다. 또한, 위기에 처할 때 거기서 벗어나는 대책 역시 미리 준비해야 한다. 그래야만 위기에 처했을 때 당황하지 않고 쉽게 벗어날 수 있다.

치밀한 준비와 대책 없는 삶은 돛이 없는 배와도 같다. 거센 바람과 높은 파도와 출렁이는 바다에서 돛이 없으면 배는 갈 곳을 찾지 못한 채 방황하기에 십상이다.

공자 역시 그와 비슷한 말을 했다.

"맨손으로 호랑이에게 덤비거나 황하를 걸어서 건너는 것과 같은 헛된 죽음을 후회하지 않을 사람과는 나는 행동을 함께하지 않을 것이다."

Half_Time Messenger 12 소설 《바람과 함께 사라지다》 의 작가, 마가렛 미첼

내 삶을 다른 사람에게 맡기지 마라

신문사에 다니던 스물여섯 살 여성이 있었다. 어느 날, 그녀는 뜻하지 않는 사고로 발목을 다쳐 하루아침에 직장을 잃고 말았다. 사실 발목을 다친 것쯤은 아무것도 아니었다. 그녀가 정말 마음 아팠던 것은 신문사를 그만둬야 한다는 것이었다. 한동안 절망에 휩싸인 그녀는 누구도 만나지 않을 정도로 심한 우울증을 앓았다. 하지만 절망은 그리 오래가지 않았다.

'그래, 이대로 주저앉을 수는 없어. 사람들에게 내가 살아 있다는 걸 반드시 보여주고 말겠어.'

평소 글쓰기에 관심이 많던 그녀는 병상에서 글을 쓰기 시작했다. 자신의 존재를 세상에 알릴 방법은 글밖에 없었기 때문이다.

그때부터 그녀는 식사 시간 외에는 소설 쓰기에만 집중했다. 시간이 지날수록 혼자라는 쓸쓸함과 세상으로부터 단절되었다는 소외감이 점

점 커졌지만, 언젠가는 반드시 보상받을 수 있을 것이라는 믿음으로 자신의 모든 것을 바쳤다. 그렇게 10년이라는 세월이 흘렀고, 마침내 그녀는 1,000페이지가 넘는 장편소설을 완성했다. 그때부터 그녀는 10년 동안 자신의 모든 것을 바쳐 완성한 원고를 직접 들고 출판사를 찾아다녔다. 하지만 매번 똑같은 대답이 돌아왔다. 그 원고로는 도저히 책을 출간할 수 없다는 것이었다. 그렇게 7년이라는 세월이 또다시 흘렀다.

어느 날, 그녀는 신문에서 뜻밖의 기사를 봤다. 뉴욕의 대형 출판사인 〈맥밀런Macmillan〉 사장이 그녀가 사는 지역을 방문하고 오후 기차로 떠난다는 것이었다.

그녀는 즉시 원고를 들고 기차역으로 달려갔다. 그리고 사장에게 원고를 건네며 이렇게 말했다.

"사장님, 제가 10년 동안 최선을 다해서 쓴 소설입니다. 제발 한 번만 읽어주세요."

사장은 고개를 끄덕이며 원고를 받았다. 하지만 기차를 타자마자 그것을 선반 위로 휙 던져버렸다. 지금까지 그렇게 말하는 사람을 수없이 만났기 때문이다.

그녀는 자신의 분신과도 같은 원고를 반드시 세상에 알리고 싶었다. 그래서 곧바로 우체국으로 달려가서 사장에게 전보를 쳤다.

[사장님, 제발 부탁입니다. 제 소설을 한 번만 읽어주십시오.]

그런데도 사장은 그녀의 원고에 여전히 관심을 두지 않았다.

그녀는 힘들게 쓴 자신의 원고가 쓰레기가 될 수도 있다는 절박함에 다시 한번 전보를 쳤다. 그제야 사장의 마음이 움직였다. 그리고 첫 장부터 원고의 매력에 푹 빠지고 말았다.

그렇게 해서 나온 소설이 바로 우리가 너무도 잘 알고 있는 《바람과 함께 사라지다》이며, 그녀의 이름은 마가렛 미첼Margaret Mitchell이다.

특이한 것은 그녀가 '내일은 내일의 태양이 뜬다'라는 결말 부분부터 원고를 썼다는 점이다. 신문사 기자로 일할 때 익힌 결론부터 기사를 쓰는 습관 때문이었다. 또한, 첫 장은 출판 직전까지도 써지지 않았다.

《바람과 함께 사라지다》 초판은 1936년 6월 출판되었다. 미첼은 "5천 부만 팔렸으면 좋겠다"라고 했지만, 그해 여름 하루에만 5만 부가 넘게 팔려나갔을 뿐만 아니라 영화로까지 제작되었다. 1939년 개봉한 영화는 미국 영화사상 가장 많은 관객을 동원했으며, 아카데미 영화제에서 무려 10개 부문을 석권했다. 하지만 소설과 영화의 성공이 그녀의 행복까지는 보장해주지 못했다. 그 후 단 한 권의 책도 쓰지 못했기 때문이다.

"왜 쓰지 않느냐?"라는 사람들의 질문에 그녀는 이렇게 대답했다.

"《바람과 함께 사라지다》의 작가라는 것 자체가 내 평생의 직업이다. 전화 받고, 인터뷰하고, 찾아오는 사람들을 응대하느라 초판 출간 후 타자기 앞에 앉을 시간이 전혀 없었다."

안타깝게도 그녀는 1949년 8월 집 근처에서 음주운전 차량에 치이고 만다. 사망 당시 《바람과 함께 사라지다》는 전 세계 30개 언어로 번역되어 800만 부가 팔렸으며, 미국에서는 매년 5만 부가 넘게 팔렸다.

《뉴욕타임스》는 그녀의 부고 기사에서 "이 책에 대해 찬사만 있는 것은 아니다"라면서도 "미스 미첼의 책은 무명작가의 첫 작품이 세계적 베스트셀러가 된 첫 사례"라고 썼다.

생각건대, 만일 그녀가 세 번째 전보를 치지 않았거나, 자신을 알리는 데 적극적으로 임하지 않았다면 우리는 《바람과 함께 사라지다》라는 위대한 고전을 만나지 못했을지도 모른다.

지금까지 살아온 삶을 되돌아보라. 다른 누군가의 판단이나 지시에 근거해서 살아온 것은 아닌지, '넌 할 수 없어'라는 말만 믿고 시도조차 하지 못한 채 포기하며 살아온 것은 아닌지 스스로 점검할 필요가 있다.

인생 설계도를 누군가가 그려줄 순 있지만 완성하는 것은 바로 자기 자신이다. 자기 자신을 제외한 모든 사람은 삶의 보조자일 뿐이란 사실을 명심해야 한다.

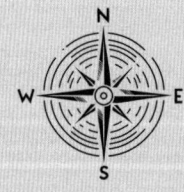

어제를 거울삼아 오늘을 살고,
오늘을 기초로 내일을 살아야 한다.
미래의 일은 미래에 맡겨야 한다.
미래가 두려워서 지금, 이 순간에 충실하지 못하면
미래는 정말로 두려운 것이 되고 만다.

LIfe is not a speed but a direction _ 13

더는 망설이지 마라, 일단 부딪혀라

여기, 20대 후반의 아름다운 여성이 있다. 그녀는 지금까지 살면서 단 한 번도 연애 경험이 없다. 인생에서 가장 아름다운 시기에 연애 한 번 하지 못한 것이다. 더 안타까운 것은 그녀의 생각이다. 연애에 전혀 관심 없을 뿐만 아니라 앞으로도 연애할 생각조차 갖고 있지 않기 때문이다. 과연, 무엇이 그녀를 이렇게 만든 것일까.

문제의 원인은 그녀의 어린 시절에 있다. 어린 시절 그녀는 또래 아이들보다 통통한 체격을 가지고 있었다. 그러다가 중학교에 입학하면서부터 급격하게 살이 쪘고, 친구들은 그녀를 놀리기 시작했다. 심지어 그녀의 부모마저 그녀를 놀리곤 했다. 그 결과, 자신감을 잃은 것은 물론 외모 콤플렉스마저 갖게 되었다. 소개팅 기회가 있어도 거절하기 일쑤였고, 모르는 남자와 눈이라도 마주치면 당황해서 급히 눈을 피했다. 급기야 자신은 아무짝에도 쓸모없는 인간이라는 생각을 굳힌 채 마음의 문을 닫

아버렸다.

두려움은 자기발전을 방해하고, 삶의 전진을 가로막는 가장 큰 적이다. 우리 주위에는 일을 시작하기도 전에 실패에 대한 두려움에 사로잡혀 일을 시작조차 하지 못하는 사람들이 적지 않다. 그 이유는 앞서 말한 이야기에서 살펴봤다시피, 과거의 실패와 충격에서 벗어나지 못한 채 늘 그 기억 속에서 괴로워하고 힘들어 하기 때문이다. 물론 그런 기억을 무 자르듯 과감히 떨쳐버린다면야 더할 나위 없이 좋겠지만, 그것이 생각처럼 쉬운 일은 아니다.

과거에 대한 아픈 기억이나 충격을 떨쳐버리는 것이 얼마나 어려운지 긍정심리학의 창시자인 마틴 셀리그만(Martin E. P. Seligman) 박사는 실험을 통해 직접 증명한 바 있다.

개를 세 집단으로 나눠 각각 큰 상자에 넣었다. 첫 번째 집단은 코앞에 스위치를 하나 달아놓았는데, 전기충격을 멈추게 하는 장치였다. 전기충격을 가하자, 개들은 끙끙거리며 매우 괴로워했다. 그러다가 우연히 개 한 마리가 스위치를 누르게 되었고, 그것을 누르면 전기충격이 멈춘다는 사실을 알게 되었다. 잠시 후 개에게 다시 한번 전기충격을 가하자 이번에는 개들이 잽싸게 스위치를 눌렀다.

두 번째 집단도 똑같이 전기충격을 줬다. 그런데 첫 번째 집단과 달리 스위치를 눌러도 전기충격이 멈추지 않게 했다. 개들은 끙끙거리며 괴로워했지만, 달리 방법이 없었기에 그 자리에 계속 앉아 있어야만 했다.

세 번째 집단은 평소 상태 그대로 내버려 두었다. 그리고 24시간 후 세 집단 모두 큰 상자에 넣고 낮은 칸막이를 친 후 그 옆에 전기충격이 없는 안전한 공간을 마련해 두었다. 과연, 어떤 일이 일어났을까?

첫 번째 집단과 세 번째 집단은 전기충격을 받자마자 칸막이를 뛰어넘어 안전한 곳으로 이동했지만, 두 번째 집단은 그 자리에 쭈그려 앉은 채 끙끙거리며 전기충격을 고스란히 참아냈다.

이 실험을 통해 셀리그만 박사는 반복적으로 학습된 실패의 기억과 큰 충격은 우리에게 절망감과 무력감을 준다는 결론을 얻었고, 이를 '학습된 무기력Learned Helplessness'이라고 했다.

이렇듯 한 번 학습된 실패의 기억은 머릿속 깊이 각인되어 충분히 그것을 이겨낼 수 있는데도 시도 자체를 포기하게 한다. 하지만 이 이론이 절대적인 것은 아니다. 실패의 기억이나 큰 충격으로 인한 상처가 머릿속에서 오래 남기는 하지만, 얼마든지 그것의 지배에서 벗어날 방법이 있기 때문이다.

깜깜한 밤에 숲에 갇혀 있는데, 멀리서 작은 불빛이 보인다면 어떻게 하겠는가? 당연히 그 불빛을 향해 걸어갈 것이다. 그래야만 숲을 빠져나갈 수 있기 때문이다. 우리 생각 역시 마찬가지다.

어두운 과거에서 벗어나려면 미래의 문을 향해 걸어 나가야 한다. 더는 과거에 사로잡혀 자신을 아프게 해선 안 된다. 망설이거나 두려워할 이유는 전혀 없다. 멈추지 않고 과감히 걸어가야만 원하는 곳에 닿을 수 있다.

"자신의 가장 큰 적은 과연 누구라고 생각하는가?"

사사건건 트집 잡고 비열한 행동을 일삼는 사람일까, 큰 손해를 끼친 사람일까, 아니면 보는 것조차 싫은 사람일까?

그들 모두가 적일 수도 있다. 하지만 그들보다 더 무서운 적이 있다. 그것은 바로 우리 안에 있는 '두려움'이다. 두려움은 삶의 전진을 가로막고 무너뜨린다.

두려움에 사로잡혀 있는 한 한 발자국도 앞으로 나아갈 수 없다. 그런 점에서 볼 때 우리가 정말 원하는 것은 두려움 너머에 있다고 할 수 있다.

많은 사람이 뭔가가 두려우면 이렇게 말하곤 한다.

"나는 나 자신이 매우 약하다는 사실을 잘 알고 있다. 그래서 그것과 부딪칠 용기가 없다."

두려움을 느낀다는 것은 겉으로 드러나는 자신과 자아 사이에 균형이 잡혀 있지 않다는 뜻이다. 즉, 외부 경험에 대한 적응이 제대로 이루어지고 있지 않은 것이다.

아닌 게 아니라, 우리는 우리 안에서 완전히 극복하지 못한 것에 대해서만 두려움을 느낀다. 그렇다고 해서 모든 사람이 과거의 경험에 대해서 똑같은 반응을 일으키는 것은 아니다. 어떤 사람은 강하게 맞서지만, 어떤 사람은 철저히 무너진다. 그 때문에 다른 사람에게는 아무렇지도 않은 일이 어떤 사람에게는 매우 큰 두려움을 일으키기도 한다. 2차 세계

대전 당시 전쟁터에서 죽은 사람보다 전쟁에 대한 두려움으로 인한 심장병 때문에 죽은 사람이 훨씬 더 많았다는 것이 그 방증이다.

많은 사람이 오늘에 충실하지 못한 이유는 뭘까? 미래에 대한 막연한 두려움 때문은 아닐까. 하지만 생각해보라. 지금, 이 순간이 없다면 미래 역시 존재할 수 없다. 어제를 거울삼아 오늘을 살고, 오늘을 기초로 내일을 살아야 한다. 미래의 일은 미래에 맡겨야 한다. 미래가 두려워서 지금, 이 순간에 충실하지 못하면 미래는 정말로 두려운 것이 되고 만다.

초원에서 소를 돌보던 카우보이가 있었다. 매섭고 추운 겨울, 먹이를 찾아 이동할 때면 소들이 압사하는 사고가 종종 일어났다. 거센 바람을 피해 뒷걸음질 치다가 서로 뒤엉키는 것이 그 이유였다. 하지만 '헤리퍼드(영국이 원산지인 소의 한 품종)'만은 예외였다. 헤리퍼드는 단 한 마리도 죽지 않았다. 매서운 바람을 피하지 않고 정면으로 맞섰기 때문이다. 이 사실을 안 카우보이는 다음과 같은 말을 남겼다.

"삶의 폭풍우에 정면으로 맞서라! 두려움을 절대 피하지 마라."

부족하고 미숙하더라도, 일단 부딪혀야 한다. 더는 망설여선 안 된다. 그래야만 원하는 곳을 향해 앞으로 나아갈 수 있다.

Half_Time Messenger 13 상상을 통해 꿈을 현실로 만든 백만장자, 마크 앨런

성공한 내 모습을 상상하라

성인과 어린이를 위한 책을 출판하는 미국 출판사 〈New World Library〉 창업자인 마크 앨런$^{Marc\ Allen}$은 한때 커피값 1달러조차 없었던 가난한 실업자였다. 그러나 지금은 〈New World Library〉를 미국을 대표하는 출판사 위치에 올려놓으며 매년 1,500만 달러 이상의 높은 수익을 올리는 백만장자가 되었다. 커피값조차 걱정해야 했던 가난한 실업자였던 그가 성공할 수 있었던 비결은 과연 무엇일까?

무일푼이었던 시절, 그는 세상의 모든 것을 비뚤어진 시선으로 바라봤다. 심지어 그를 위해 음식을 제공하는 자원봉사자에게도 감사할 줄 몰랐다. 자신의 상황이 너무 초라한 나머지, 좋고 긍정적인 것보다는 비뚤어지고 부정적인 것에 먼저 눈이 갔기 때문이다.

그는 매일 아침 눈을 뜨면 커피값 1달러를 어떻게 마련할지 고민했다. 그런 그에게 희망이라고는 없어 보였다.

어느 날, 낡고 좁은 아파트에서 홀로 서른 번째 생일을 맞은 그는 뜻대로 풀리지 않는 삶을 원망하며 방 안을 서성였다. 자신의 신세가 너무도 처량해서 미칠 것만 같았다.

"내 인생이 어쩌다 이렇게 되었을까?"

어느새 서른이 되었는데도 희망이라고는 보이지 않는 미래가 암울하기만 했다. 그때 누군가로부터 전해 들은 '5년 후 되고 싶은 모습 상상하기'란 게임이 떠올랐다.

"내 생각대로 모든 일이 잘된다면 5년 후 내 인생은 어떻게 될까?"

그때부터 그는 매일 아침 '5년 후 성공한 자신'을 떠올리며 미친 듯이 글을 쓰기 시작했고, 마음 역시 다잡았다. 그러자 몇 년 후 마법 같은 일이 일어났다. 처음 출간한 책이 크게 히트한 것은 물론 전 세계 30개국에서 출간되는 놀라운 경험을 하게 되었기 때문이다.

그 후로도 그는 매일 아침, 5년 주기로 더 발전한 자기 모습을 상상하며 자신에게 이렇게 묻곤 했다.

"5년 후 나는 뭘 하고 있을까?"

"5년 후 나는 어떤 사람이 되어 있을까?"

결론적으로, 5년 후 그의 상황은 과거와 비교하면 훨씬 발전했다. 그의 출판사는 매년 1,500만 달러 이상의 수익을 올리는 회사로 성장했고, 그는 샌프란시스코 고층 건물의 주인이 되었다. 물론 그의 또 다른 책 역시 크게 히트했다. 그 책이 바로 《백만장자 코스》로, 그는 이 책에 '5년 후 되고 싶은 모습 상상하기 게임', '성공하는 사업 계획서 작성법', '문제점에 대한 해결책을 찾는 리스트 작성법', '서로 윈-윈 할 수 있는 논쟁 해결법' 등 자기 생각을 다잡아 성공에 이르게 한 효과적인 훈련법을 고스란히 담았다.

스포츠 분야에서 모든 선수가 정상을 꿈꾸지만, 최고의 자리를 거머쥐는 이는 오직 한 명뿐이다. 가장 높은 자리에는 오직 한 명만 오를 수 있기 때문이다. 그렇다면 과연 무엇이 그들의 차이를 만드는 것일까?

스포츠 멘탈 코칭기업을 운영하면서 미국 올림픽 국가대표 선수들을 비롯해 MLB(미국 프로야구 리그), NBA(미국 프로농구 리그), WNBA(미국 여자프로농구 리그), PGA 투어(미국 프로골프 리그), LPGA 투어(미국 여자프로골프 리그) 선수와 감독들의 멘탈 코치를 맡았던 스포츠 심리학자 짐 아프레모[Jim Afremow] 박사는 오랫동안 기억되는 챔피언을 만드는 것은 엄청난 중압감을 견디고 마지막 한 줌의 잠재력까지 끌어내는 정신력이라고 말한다. 타고난 재능도 강인한 정신 없이는 힘을 제대로 발휘할 수 없기 때문이다.

세계 최고의 역사를 자랑하는 테니스 대회인 윔블던 남자 단식 경기에서 3연패를 달성한 세계 남자테니스 랭킹 1위 노바크 조코비치[Novak Djokovic] 역시 그 말에 동의한다.

"힘과 힘이 부딪치고, 피와 땀이 뒤얽힌 스포츠에서 우수한 선수 100

명을 줄 세워 놓으면 체력은 그리 큰 차이가 없다. 문제는 정신력이다. 즉, 신체적 역량과는 달리, 정신력은 상황에 따라서 크게 변한다. 그러므로 꾸준한 반복과 훈련으로 기술과 역량을 키우듯 정신력 역시 계속해서 갈고닦아야 한다."

어떻게 하면 정신력을 키울 수 있을까?

수많은 챔피언이 밝힌 정신력 연마의 '비결'에는 공통점이 있다. 항상 최고를 지향하고, 아무리 힘들어도 훈련을 게을리하지 않으며, 무엇보다도 자기 자신을 믿는 것이다. 즉, 가장 높은 자리를 노려야만 최고의 기량을 발휘할 수 있다.

누구나 살면서 수없이 실수하고, 넘어진다. 실수하지 않고, 넘어지지 않는 사람은 삶을 포기한 사람밖에 없다. 넘어지는 것은 우리 잘못이 아니다. 하지만 일어서지 않는 것은 우리 잘못이다. 다시 일어서지 않는다는 것은 삶을 포기한다는 뜻이기 때문이다.

한 번뿐인 삶의 챔피언이 되고 싶은가? 오늘보다 나은 내일을 살고 싶은가? 그렇다면 일단 자기 자신부터 믿어야 한다.

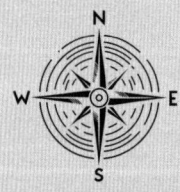

올바른 진단과 처방만이 삶을 원하는 곳으로 나아가게 한다.
자신의 부족함을 알고 잘못을 뉘우치면 발전하지만,
자기 분수를 모르고 날뛰거나 실수와 잘못을 깨닫지 못한 채
변명과 핑계를 일삼으면 퇴보하거나 실패를 반복할 수밖에 없다.
그래도 계속해서 변명할 것인지, 변화할 것인지,
그 선택은 오직 자기 자신에게 달려있다.

LIfe is not a speed but a direction _ 14

성공하는 사람은 방법을 찾고, 실패하는 사람은 핑계를 찾는다

나이가 많다고 생각하는가? 그래서 뭔가를 시작하기에는 너무 늦었다고 생각하는가?

운이 나쁘다고 생각하는가? 그래서 인간관계가 점점 꼬이고, 아무리 노력해도 제자리걸음이라고 생각하는가?

학력에 열등감을 느끼고 있는가? 그래서 다른 사람에게 늘 무시당하고, 자신감 역시 떨어진다고 생각하는가?

실패하는 사람들에게는 공통점이 있다. 변명과 핑계에 매우 익숙하며, 그것에 좌우되는 삶을 산다는 것이다. 그들은 실패 원인을 살피고, 자신의 문제점을 되돌아보며, 새로운 각오를 다지기보다 '나는 아무런 잘못이 없다'라며 실패 원인을 주변 환경과 운, 학력 탓으로 되돌리기 일쑤다. 그만큼 부정적인 사고방식에 빠져 있다. 그러니 뭘 해도 부정적인 결과 만 낳는다.

성공한 사람 중 변명과 핑계를 일삼는 사람은 없다. 그들은 자신의 행동에 오롯이 책임지고, 어떤 상황에서도 문제를 해결할 방법을 먼저 찾는다. 하지만 실패하는 사람들은 다르다. 그들은 '왜 그 일을 할 수 없는지', '왜 그 일을 하지 않는지', '왜 그렇게 하지 못하는지'에 대해서 항상 그럴듯하게 변명하고 핑곗거리를 만든다.

"하고자 하는 사람은 방법을 찾고, 하고 싶지 않은 사람은 핑계를 찾는다"라는 말이 있다. 그런 점에서 볼 때 무엇이건 할 수 있다고 생각하는 사람과 해보기도 전에 할 수 없다고 생각하는 사람은 시작부터 큰 차이를 보일 수밖에 없다.

오스트리아 정신과 의사로 개인 심리학의 창시자이기도 한 알프레드 아들러Alfred W. Adler는 "인간은 누구나 완전하지 않은 존재로 태어났으며, 열등한 상태에서 벗어나려는 욕구를 품고 있다"라고 했다. 아무리 완벽해 보이는 사람도 저마다의 열등감을 느끼고 있다는 것이다.

그 말마따나, 누구도 완벽한 사람은 없다. 그러니 성공은 흠잡을 데 없는 완벽함에서 시작하는 것이 아니라 자기가 지닌 열등감을 극복하는 데서 시작된다고 할 수 있다.

"성공하고 싶은가? 그렇다면 당장 변명과 핑계를 멈춰라."

실패의 99%는 변명과 핑계에서 나온다. 또한, 변명과 핑계는 삶을 힘들고 아프게만 할 뿐 앞으로 나아가지 못하게 한다.

변명과 핑계에 익숙한 사람일수록 적당한 구실을 찾으면 거기에만 집중한다. 자신이 성공하지 못하는 이유를 다른 사람들에게 그럴듯하게 말하고, 열등감에 휩싸인 자신을 설득하기에는 그것만 한 것이 없기 때문이다. 하지만 변명과 핑계를 되풀이할수록 거기서 벗어나지 못한 채 그것이 실패의 진짜 원인이라고 착각하게 된다. 그래서는 언제까지나 제자리걸음 하거나 후퇴하는 삶을 살 수밖에 없다.

"한 번 실수는 병가지상사兵家之常事"라는 말이 있다. '전쟁할 때 한 번의 실수는 늘 있는 일'이라는 뜻으로, '어떤 일이건 실수나 실패는 있다'라는 말이다.

누구나 실수하고, 실패할 수 있다. 하지만 실수하고, 실패하는 이들을 바라보는 시선은 차갑기 그지없다. 더욱이 '실패는 곧 끝'이라고 생각해 실패한 사람 대부분이 '패자부활전' 한번 제대로 해보지 못한 채 극한 상황으로 내몰리곤 한다. 그렇다고 해서 그것을 두려워할 이유는 전혀 없다.

실패의 시대다. 누구도 실패로부터 자유롭지 않다. 문제는 실패를 인정하지 않고 원인을 방치하느냐, 아니면 실패를 겸허히 받아들이고 미래의 성공을 위한 발판으로 삼느냐에 있다.

실패는 모든 것을 무너뜨리기도 하지만, 다시 재정비할 수 있는 매우 소중한 기회이기도 하다. 따라서 실패의 악순환을 끊으려면 실패를 적극적으로 활용할 줄 알아야 한다.

실패를 인정하고 겸허히 받아들여야 한다. 실패를 스스럼없이 고백하고 인정하는 것이야말로 최상의 대책이기 때문이다. 또한, 실패를 실패로 끝내지 않으려면 그것을 디딤돌 삼아야 한다. 왜 실패했는지, 뭘 조심하고 신경 써야 하는지 알면 그만큼 더 크고 단단해질 수 있다.

  실패의 원인을 주변 환경과 나이, 운, 학력 탓으로 돌리는 사람이 더러 있다. 그런 사람일수록 자신이 처한 상황 때문에 어쩔 수 없었다며 이런저런 변명을 하고 핑계를 대곤 한다. 그중 가장 흔한 것이 나이와 학력, 지식, 재능을 핑계 삼는 것이다. 하지만 성공하는 데 있어서 가장 중요한 것은 나이나 학력, 지식, 재능이 아니다. 그것을 어느 정도 갖추고 있느냐보다는 지금 지니고 있는 것을 어디에, 어떻게 활용하느냐가 훨씬 중요하다. 예컨대, 학력 수준이 다소 떨어지고 지능이 낮아도 자기 자신의 가능성과 잠재력을 믿고, 적극적이고 긍정적인 태도를 보인다면 학력이 아무리 높고 머리가 좋아도 소극적이고 부정적인 사람보다 성공할 가능성이 훨씬 크다. 작은 일이라도 즐기면서 최선을 다하는 사람은 누구도 이길 수 없기 때문이다. 따라서 자신을 과소평가한 나머지 가능성과 잠재력마저 무시해서는 절대 안 된다. 그보다는 현재 지닌 것에 집중해야 한다. 아울러 학력이나 지식보다는 생각과 가치관이 훨씬 중요하다는 사실을 깨닫고, 항상 적극적이고 긍정적인 태도를 지니기 위해서 노력해야 한다.

  한 번 할 수 없다고 생각하면 어떤 일도 할 수 없다. 마음과 몸이 먼저 포기하기 때문이다. 그것을 이길 수 있는 사람은 없다. 따라서 그런 생각은 애당초 하지 않도록 매사에 '나는 잘되고 있다'라며 적극적이고 긍정적인 태도를 지녀야 한다. 또한, 단순한 사실을 기억하는 것보다는 생각하고 창조하는 능력이 훨씬 가치 있음을 깨닫고, 항상 똑같은 방식으로 문제에 접근하기보다는 새로운 아이디어를 찾기 위해서 노력해야 한다. 그러자면 자기 자신에게 이렇게 물어야 한다.

"나는 내 능력을 새로운 역사를 창조하기 위해서 이용하고 있는가, 아니면 다른 사람이 만든 역사를 기록하기 위해서 이용하고 있는가?"

올바른 진단과 처방만이 삶을 원하는 곳으로 나아가게 한다. 자신의 부족함을 알고 잘못을 뉘우치면 발전하지만, 자기 분수를 모르고 날뛰거나 실수와 잘못을 깨닫지 못한 채 변명과 핑계를 일삼으면 퇴보하거나 실패를 반복할 수밖에 없다. 그래도 계속해서 변명할 것인지, 변화할 것인지, 그 선택은 오직 자기 자신에게 달려있다.

Half _ Time Messenger 14 르네상스 시대 천재 예술가, 미켈란젤로

치열한 프로정신으로 삶을 무장하라

누구나 행복하기를 원한다. 하지만 어떻게 하면 행복할 수 있는지는 누구도 알지 못한다. 그저 바라기만 하면 저절로 이루어질 것이라고 착각할 뿐이다. '몸과 마음과 영혼의 부자가 되는 법'이라는 주제로 강의하는 캐나다 기업인 데릭 스위트$^{Derrick\ Sweet}$는 그와 관련해서 이렇게 말한 바 있다.

"100%를 살기 위해서는 오늘 미쳐야 합니다. 뭔가에 미친 듯이 몰두할 때 우리는 진정으로 살아 숨쉬기 때문입니다. 미친다는 것은 열정으로 넘치는 것입니다. 미치면 무의미한 것들에 초점을 맞추고 있는 세상에서 의미 있는 것들을 찾아낼 수 있습니다."

성공한 사람들을 보면 대부분 자기 일에 미쳐있다. 미치지 않고서는 그 분야의 최고가 될 수 없을 뿐만 아니라 자신이 원하는 것을 얻을 수 없기 때문이다. 즉, 쉬엄쉬엄, 대충대충, 얼렁뚱땅해서는 절대 최고가 될 수

없다. 그런 점에서 볼 때 르네상스 시대 천재 예술가 미켈란젤로^{Michelangelo di Lodovico Buonarroti Simoni}의 삶은 우리에게 의미하는 바가 매우 크다. 그는 한마디로 자기 일에 미친 사람이었다.

  1475년 이탈리아 피렌체 근교의 카프레세에서 태어난 미켈란젤로는 어린 시절부터 그림 그리는 재능이 매우 뛰어났다. 하지만 그의 아버지는 그가 그림 그리는 것을 못마땅하게 여겼다. 장사꾼이 되어 많은 돈을 벌기를 원했기 때문이다. 그러다 보니 항상 아버지 몰래 그림을 그려야만 했다.

  그가 어느 부잣집 정원 일을 맡았을 때의 일이다. 온종일 일한 뒤에도 그는 정원을 쉽사리 떠나지 않았다. 어떻게 하면 정원을 더 아름답게 꾸밀 수 있을지 고민했기 때문이다. 이에 직접 나무를 조각해서 정원 여기저기를 장식하며, 더 멋진 정원을 만들고자 했다. 주인 역시 그것을 보며 매우 흡족해했다. 하지만 곧 의문이 생겼다. 그렇다고 해서 더 많은 돈을 주는 것도 아니었기 때문이다.

  "더 많은 돈을 주는 것도 아닌데, 왜 굳이 이런 조각품을 만들었소?"

  "예술작품은 돈으로 따질 수 없습니다. 또한, 저는 제 손길이 닿는 곳은 어디건 완벽하게 만들고 싶습니다."

  이렇듯 예술에 대한 그의 열정은 타의 추종을 불허했다.

  한 번은 교황 율리오 2세가 바티칸 베드로 성당 옆 시스티나 성당 천장 벽에 그림을 그려달라고 한 적이 있다. 고심 끝에 그는 그림을 그리는 동안 누구도 방해하지 않도록 해달라는 조건을 단 뒤 교황의 부탁을 받아들였다. 마음이 흐트러지면 그림이 엉망이 되어 버리기 때문이었다. 하지만 그가 어떤 그림을 그리는지 몹시 궁금했던 교황은 그와의 약속을 어기고 그림을 훔쳐보고 말았다. 그 사실을 안 그는 즉시 교황에게 달려가서 항의했다.

"왜 저와의 약속을 어기십니까? 그림이 완성될 때까지는 누구도 볼 수 없다고 했잖습니까? 약속이 깨졌으니, 더는 그림을 그리지 않겠습니다."

그러고는 즉시 바티칸을 떠나버렸다. 그제야 자신이 크게 실수한 것을 안 교황은 수많은 설득 끝에 겨우 그의 마음을 되돌리는 데 성공했다. 그렇게 해서 다시 붓을 잡은 그는 4년 5개월 만에 그림을 완성했는데, 그 그림이 바로 '천지창조'다.

그만큼 그는 붓을 놓는 마지막 순간까지도 온 정신을 모아 그림을 그렸다. 그런 프로정신이 있었기에 라파엘로 Raffaello Sanzio, 레오나르도 다빈치 Leonardo da Vinci 와 함께 르네상스 시대 3대 거장으로 꼽히며, 세기를 뛰어넘어 인류 역사상 가장 위대한 화가로 추앙받고 있다.

어느 분야건 최고의 경지에 오른 이들에게는 공통점이 있다. 자기 일과 삶에 강한 열정을 지니고 있다는 것이다. 그래서인지 그들이 그런 경지에 오르기까지의 과정은 한편의 감동 드라마라고 해도 과언은 아니다. 예컨대, NBA 6회 우승에 6번이나 MVP에 뽑히며 농구에 관한 한 신의 경지에 올랐다는 평가를 받은 마이클 조던 Michael Jordan 은 농구에 관심 없는 사람이라도 그 이름은 알고 있을 정도다. 특히 그의 전매특허인 자유투

라인에서 점프해서 링까지 솟구쳐 내리찍는 슬램덩크는 누구도 흉내 낼 수 없는 명장면으로 꼽히며 지금도 수많은 농구팬을 열광하게 한다.

그가 한 농구 캠프에 참석했을 때의 일이다. 한 참석자가 그를 향해 물었다.

"하루에 몇 시간 정도 연습하면 그렇게 될 수 있나요?"

그러자 조던은 미소를 지으며 이렇게 말했다.

"시간 같은 건 전혀 신경 쓰지 않았어요. 시계를 본 적도 없고요. 지칠 때까지, 아니면 어머니가 저녁 먹으라고 부를 때까지 연습했거든요."

그 후로도 조던은 이미 정상에 올라섰음에도 더 뛰어난 선수가 되기 위한 노력을 멈추지 않았다.

작은 것에 만족하지 않고 목표를 향해 전력투구하는 그의 모습이 마음에 들지 않을 수도 있다. 그렇게까지 치열하게 살아야 하나 싶기 때문이다. 또한, 만족을 모르는 그의 모습이 마치 삶의 노예로 보일 수도 있다. 하지만 그는 자신이 원하는 것을 하고, 무엇보다도 그 일을 사랑했기에 그 일에 집중한 것일 뿐이다. 즉, 그가 더 높이 오르려고 한 이유는 권력이나 돈, 명성보다는 자기 일에서 행복을 찾았기 때문이다.

자기계발에 대한 끊임없는 욕심과 긍정적인 마음을 가져야 한다. 나아가 실패의 순간에도 기적을 꿈꾸며 다시 도전해야 한다. 그래야만 원하는 삶에 한 발 더 다가갈 수 있다.

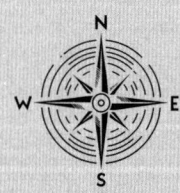

자신을 바꾸고, 세상을 바꾸고 싶은가?
그렇다면 당장 움직여야 한다.
우리에게 부족한 것은 생각이 아닌 '행동'이다.
언제까지 그 언젠가를 기다리기만 할 텐가.
세상은 우리가 움직이기를 바란다.

LIfe is not a speed but a direction _ 15

우리에게 정말 부족한 것은
생각이 아닌 '행동'

수많은 나라가 자웅을 겨루던 춘추전국시대 최고의 패자霸者, 제후의 우두머리였던 제나라 환공桓公은 즉위하자마자 궁궐 앞에 횃불을 밝혀 주위를 환하게 했다. 나라의 앞날은 어떤 인재를 등용하느냐에 달려있다고 생각했기 때문이다. 이에 날마다 궁궐을 환하게 밝힌 후 재주 있는 사람들이 언제든지 자신을 찾아오게 했다. 하지만 일 년이 지나도록 개미 새끼 한마리 찾아오지 않았다.

그러던 어느 날, 시골 사람 하나가 찾아왔다. 그는 구구단을 외우는 재주가 있다고 했다. 크게 실망한 환공은 혀끝을 차며 이렇게 말했다.

"겨우 구구단 외우는 하찮은 재주를 갖고 찾아오다니…."

그러자 그가 이렇게 말했다.

"제후께서 인재를 구하기 시작한 지 일 년이 넘었지만, 한 사람도 찾아오지 않았다고 들었습니다. 이는 사람들이 지레 겁을 먹고 있기 때문입니다. 사실 제가 가진 재주는 아무것도 아니지만, 이런 재주를 갖고도 능력을 인정받는다는 사실이 널리 퍼지면 많은 사람이 찾아올 것입니다."

그 말에 환공은 고개를 끄덕이며, 약속대로 그를 등용했다. 그러자 채 한 달이 못 되어 나라 안의 수많은 인재가 모여들기 시작했다.

발상 하나로 자신과 세상을 바꾼 사람들을 보면서 누구나 '앗! 나도 저런 생각을 한 적이 있는데'라며 무릎을 친 적 있을 것이다.

똑같은 생각과 아이디어를 갖고도 어떤 사람은 성공하는데, 어떤 사람은 실패하는 이유는 과연 뭘까? 바로 실행했느냐, 실행하지 않았느냐의 차이라고 할 수 있다. 참신한 발상을 떠올렸다가도 귀찮고 복잡해서 금방 포기하는 사람은 세상은 물론 자신도 절대 바꿀 수 없다. 하지만 생각을 실행으로 옮긴 사람은 다른 사람들의 부러움은 물론 성공이라는 멋진 선물까지 받을 수 있다.

실패 없이는 아무것도 얻을 수 없다. 토머스 에디슨Thomas Edison은 수천 번의 실패 끝에 전구를 발명해 세상을 밝게 했으며, 선더스Saunders 대령 역시 1,009번의 실패 끝에 방탄유리를 발명해 수많은 사람의 목숨을 구했다. 그들의 성공이 더욱 빛나는 이유는 수많은 실패가 있었기 때문이다.

중요한 것은 목표를 이루는 것이 아니라 그 과정에서 뭔가를 배우며 성장하는 것이다. 가장 큰 실패는 목표 달성에 실패하는 것이 아니라 목표를 세우기는 하지만, 그것을 이루려고 전혀 노력하지 않는 것이다. 따라서 실패를 두려워하지 말고 적극적으로 실행에 옮겨야 한다. "구슬이

서 말이라도 꿰어야 보배"라는 말처럼 '성공을 위한 실패'는 실천이 뒷받침되어야만 그 가치를 발휘할 수 있다.

세상을 바꾼 아이디어는 대부분 사소한 생각으로부터 시작된 경우가 많다. 기회는 나이아가라 폭포처럼 한꺼번에 오는 것이 아니다. 한 번에 한 방울씩 떨어지는 물방울처럼 서서히 온다.

기회는 항상 우리 곁에 있다. 다만, 우리가 몰라볼 뿐이다. 기회를 살리는 것도 놓치는 것도 습관 탓이다. 좋은 기회가 찾아왔는 데도 기회를 놓치는 습관이 몸에 밴 사람은 아무리 좋은 기회가 찾아와도 그것을 제대로 활용하지 못한다. 무엇보다도 그것이 기회인 줄조차 알지 못한다. 하지만 기회를 낚아채는 습관이 몸에 밴 사람은 그것을 이용해서 한 단계 더 업그레이드 된 삶을 산다.

자신을 바꾸고, 세상을 바꾸고 싶은가? 그렇다면 당장 움직여야 한다. 우리에게 부족한 것은 생각이 아닌 '행동'이다. 언제까지 그 언젠가를 기다리기만 할 텐가. 세상은 우리가 움직이기를 바란다.

유명 브랜드 커피와 거리에서 파는 커피를 섞은 후 사람들의 눈을 가리고 시음했을 때 사람들은 맛의 차이를 잘 구분하지 못한다는 실험 결과가 있다. 그러나 그런 실험 결과와 상관없이 사람들은 이미 특별하다고 명명된 브랜드에 돈을 아낌없이 지출한다. 이는 커피 맛을 바꾸는 건 특별한 재료나 기술이 아닌 마케팅에 있음을 말해준다. 실례로, 미국 애틀랜타 선트러스트 SunTrust 은행 금고 안에는 코카콜라 제조 비법이 들어 있다. 코카콜라는 그 비법을 금고 안에 보관함으로써 전설로 만들었을 뿐만 아니라 많은 사람의 호기심을 자극하는 데도 성공했다. 전문가들은 코카콜라를 복제하는 일은 무의미하다고 말한다. 왜냐하면, 코카콜라를 세계 최고의 음료로 만든 것은 제조 비법이 아닌 그 이름이기 때문이다.

"인생의 최고 전성기는 과연 언제일까?"

일반적으로 특정 분야에서 그 일을 가장 능숙하게 잘할 수 있을 때라고 생각하기 쉽다. 그러다 보니 많은 사람이 잔뜩 숨죽인 채 자기 능력이 빛을 볼 그 언젠가를 기다리며 이렇게 말하곤 한다.
"비록 지금은 이렇게 움츠리고 있지만, 언젠가는 내가 누구란 걸 반드시 보여주고 말 거야."
하지만 일을 잘할 수 있는 시기가 따로 정해져 있는 것은 아니다. 그것은 나이나 시기와는 전혀 상관없다. 따라서 일을 가장 잘할 수 있는 때야말로 우리 인생에서 가장 열정적인 순간이자, 최고의 전성기라고 할 수 있다.
많은 사람이 성공한 이들의 방식을 무작정 흉내 내고 따라 하면 성공하리라고 생각한다. 하지만 그것은 착각일 뿐이다. 성공한 사람들의 성공비결을 알았다고 치자. 과연, 그대로 따라 하기만 하면 누구나 다 성공

삶은 속도가 아니라 방향이다

할 수 있을까. 그렇다면 그런 간단한 방법이 있는데도 왜 더 많은 사람이 성공하지 못한 채 힘들어하는 것일까.

그들에게 특별한 비결 같은 건 애당초 없을 가능성이 크다. 그렇다면 그 특별함이란 자신에게 거는 자기 최면이거나 긍정적인 마음은 아닐까 싶다. 그들은 그 최면상태를 오랫동안 지속한 덕에 특별한 결과를 만들어냈고, 모두가 부러워하는 특별한 사람이 될 수 있었던 것이다.

아는 것이 없고, 경험이 부족하며, 그저 그런 아이디어밖에 없다고? 그래서 자신은 성공할 수 없다고?

그건 핑계에 지나지 않는다. 부족하다고 생각하는 바로 지금으로도 얼마든지 충분하기 때문이다. 그러니 더는 머뭇거리지 마라. 성공은 생각하는 사람이 아닌 적극적으로 실천하는 사람의 것이다.

누구나 항상 생각은 넘치지만, 정작 그것을 행동으로는 옮기는 사람은 많지 않다. 무슨 일이건 하지 않고 후회하는 것보다는 해보고 후회하는 편이 훨씬 낫다. 그래야만 그것이 좋은 경험이 되고, 살아 있는 지혜가 되어 삶을 바꿀 수 있다. 또한, 무슨 일이건 행동하는 사람은 성공할 수도, 실패할 수도 있지만, 아무것도 하지 않는 사람은 실패조차 할 수 없다. 즉, 어떤 것도 이룰 수 없다. 생각건대, 그런 삶을 원하는 사람은 없을 것이다.

Half _ Time Messenger 15 미스터 할리우드로 불린 '패션의 거장', 조르조 아르마니

삶을 단순화하고, 필요한 것에만 집중하라

한때 세계 패션을 대표했던 '패션의 거장' 조르조 아르마니$^{Giorgio\ Armani}$는 원래 의사를 꿈꾸던 의대생이었다. 하지만 어머니로부터 물려받은 탁월한 패션 감각과 쉼 없는 열정을 통해 세계 패션계를 주름잡으며 '미스터 할리우드'라고 불렸다. 더 정확히 말하면 그는 자신이 지닌 몇 가지 재능 중 하나에 집중해서 누구나 부러워하는 성공 신화를 만들었다.

그는 군더더기 없이 딱 한 가지에만 집중했다. 언젠가 한 신문기자가 그에게 성공 비결을 묻자, 그는 이렇게 말했다.

"삶을 단순화하십시오. 불필요한 것은 과감하게 버리고, 정말 잘할 수 있는 딱 한 가지에만 집중해야 합니다."

남자라면 누구나 한 벌쯤 갖고 싶은 조르조 아르마니 회색 정장은 조르조 아르마니를 상징하는 핵심 키워드다. 사실 그에게 있어 회색은 단

순함을 뜻한다. 불필요한 것은 모두 없애고 꼭 필요한 것만 남긴다는 의미를 담고 있기 때문이다.

아르마니 역시 삶에서 단순화 과정을 거쳤다. 그는 여러 가지 재능이 있었지만, 그중 하나를 선택했고, 거기에 집중했다.

그는 세 가지 재능을 갖고 있었다. 우선, 그는 영화를 좋아했고, 남들로부터 부러움을 받을 만큼 뛰어난 외모를 지니고 있었기에 한때 배우의 꿈을 키웠다. 하지만 어려운 가정 형편 때문에 스스로 그 꿈을 접었다. 또한, 그는 어린 시절부터 디자인에 뛰어난 재능을 보였다. 침대보 가장자리를 잘라서 인형 머리를 만들어 어머니를 놀라게 했는가 하면, 자기 방 안에 작은 다락방을 만들어서 사람들을 깜짝 놀라게 하기도 했다. 끝으로, 그는 의사가 되어 가난하고 아픈 사람들을 위해 봉사하는 삶을 살기를 원했다. 어린 시절 읽은 《성채》라는 의학 소설에 감동 받은 탓이었다. 무엇보다도 그의 가족이 의대 진학을 원했다.

그는 가족의 바람대로 밀라노 국립대학 의학부에 입학했다. 하지만 의사라는 직업이 자신과 맞지 않는다는 사실을 곧 깨닫고 괴로운 시간을 보냈다. 하는 일마다 엉망이었고, 뜻대로 풀리지 않았다. 결국, 그의 불행을 옆에서 지켜보던 부모님과 논의 끝에 그는 의대를 그만두게 되었다. 특히 그의 아버지는 "사람은 하고 싶은 것을 해야 한다"라는 확고한 원칙을 갖고 있었다. 그의 어머니 역시 마찬가지였다. 그녀는 "아들의 얼굴이 슬퍼 보였고, 왠지 자신과 맞지 않은 옷을 입고 있는 것 같다"라며 아들의 새로운 출발을 응원했다.

그 후 그가 시작한 일이 바로 패션이었다. 하지만 이 역시 자신의 재능을 살리거나 이 일이 아니면 안 된다는 확고한 생각이 있었기 때문은 아니었다. 하루빨리 경제적으로 독립해서 부모에게 당당해지고 싶었기에 선택한 일이었을 뿐이었다. 하지만 마치 운명처럼 길이 열렸다.

"나는 아무것도 모르는 백지상태에서 혼자 배워나갔다. 디자인 공부를 해본 적이 없어서 모든 것을 독학했고, 그만큼 시간이 더 걸렸다."

그러면서도 그는 절대 변명거리를 찾지 않았다. 즉, "이 일 말고도 내가 잘 할 수 있는 다른 일들이 있을 텐데"라며 머릿속을 복잡하게 하지 않았다. 자신만의 원칙을 세우고 꾸준히 밀고 나갔다.

"누구나 관심은 많을 수 있다. 또한, 자신은 무엇을 하건 잘할 수 있을 것 같다고 생각할 수도 있다. 그러나 관심과 재능은 구분되어야 한다. 재능은 한 분야에만 집중해야 성공할 수 있기 때문이다."

뛰어난 재능이 여러 가지 있지만 하나만 선택하는 것, 나아가 그것을 선택했으면 더는 시간을 낭비하지 않는 것, 그는 이를 '단순화의 성공법칙'이라고 말한다. 이에 단순화 과정만 거치면 일반적인 재능이라도 뛰어난 재능으로 변화할 수 있다고 주장한다. 그런 점에서 볼 때 그가 말하는 단순화의 과정이란 '선택과 집중'이라고 할 수 있다. 아르마니에게 있어 그것은 패션이었다.

누구나 그런 단순화 과정만 거치면 자신이 지닌 재능의 최고 능력을 끌어낼 수 있다. 지극히 절제된 아르마니 슈트처럼 말이다.

삶은 속도가 아니라 방향이다

삶을 간단명료하게 정리하라. 불필요한 것은 과감히 버리고 필요한 것에만 집중해야 한다. 저가 브랜드가 될 것인지, 아니면 최고의 슈트가 될 것인지는 오직 자신의 선택에 달려 있다. 최고의 슈트가 되고 싶다면, 지금 당장 삶을 방해하는 불필요한 것들을 과감히 버리고, 삶을 단순화해야 한다. 나아가 절제되지 않고 예쁜 것만 갖다 붙인 옷은 처음 보기에는 좋아 보일지 모르지만, 곧 장롱 속에 처박히고 만다는 사실 역시 꼭 기억해야 한다.

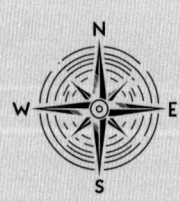

사람은 높은 산에 걸려서 넘어지는 것이 아니다.
살다 보면 작은 돌부리에 걸려 넘어지는 때가 훨씬 많다.
마찬가지로 우리가 실패하는 이유는 원대한 꿈 때문이 절대 아니다.
그보다는 사소한 실수, 생각 하나 때문에 무너지고 실패한다.

LIfe is not a speed but a direction __ 16

하루하루 최선을 다하는 '후회 없는 삶'

"나는 날마다 세 가지를 반성한다. 다른 사람을 위해 최선을 다했는지, 벗에게 신뢰 잃는 일은 하지 않았는지, 스승에게 배운 것을 실천하는데 있어서 게으르지는 않았는지 나 자신을 되돌아보며 바로잡는다."

공자가 아끼던 제자 중 한 사람으로 《대학大學》을 쓴 증자曾子의 말이다. 그는 평소 스승 공자로부터 "재빠르지 못하고, 어리석다"라는 말을 자주 들었지만, 훗날 후계자로 인정받아 공자아카데미를 물려받았을 만큼 매우 성실하고 인간관계에도 뛰어났다.

수많은 세월이 흘렀지만, 성실함과 신뢰, 실천력은 지금도 여전히 리더의 중요한 자질로 꼽힌다. 특히 자신이 속한 조직의 구성원들이 각자가 맡은 일에 최선을 다하는 성실함, 즉 충忠이 없다면 그 조직의 발전은 기대하기 어렵다. 그 사람의 미래 역시 보나마나 뻔하다.

책임감을 느끼고, 성실하게 일하는 사람이 많은 조직일수록 발전한다. 인간관계를 유지하는 데 있어 신뢰를 지키는 일 역시 매우 중요하다. 조직에서 신뢰받지 못하는 리더는 결국 설 자리가 없기 때문이다. 그런 점에서 볼 때 《논어論語》의 시작이 '학습' 즉 '배우고 익히는 것'이라는 것은 의미하는 바가 매우 크다. 배웠으면 익히고, 그것을 적극적으로 실천하는 것이야말로 개인과 조직 발전의 가장 큰 힘이 되기 때문이다.

子曰,
學而時習之不亦說乎
有朋自遠方來不亦樂乎
人不知而不慍不亦君子乎

공자께서 말씀하셨다.
"배우고 나서 수시로 익힌다면 이 역시 기쁜 일이 아니겠는가.
먼 곳에서 친구가 찾아와 준다면 이 역시 즐거운 일이 아니겠는가.
남이 알아주지 않아도 서운해하지 않으면 이 역시 군자답지 않겠는가."
— 《논어》 제1편, 학이 중에서

증자처럼 하루에 세 번씩 자신을 되돌아보기란 절대 쉬운 일이 아니다. 하지만 자신이 어떤 잘못을 저지르고 있는지도 모르면서 산다는 것은 더 큰 잘못이다. 행동하지 않으면서 꿈은 이루어진다고 외치는 몽상

삶은 속도가 아니라 방향이다

가와 전혀 다를 바 없기 때문이다.

 옆도 뒤도 돌아보지 않고, 무조건 앞만 보면서 열심히 달린다고 해서 누구나 성공하는 것은 아니다. 어디에나 수많은 변수가 존재하기 때문이다. 불교 경전에 다음과 같은 말이 있다.

 "하루하루가 흘러서 한 달이 되고, 한 달 두 달이 흘러서 일 년이 되며, 한 해 두 해가 흘러서 어느덧 죽음의 문턱에 이른다. 망가진 수레는 더는 나아갈 수 없고, 늙으면 더는 공부할 수 없다. 그런데도 누워서 갖가지 잡념과 게으름을 피운다. 쌓은 공덕이 얼마나 많기에 이토록 허송세월하고 있는가? 그대 또한 언젠가는 죽음에 이를 것이다. 다음 생은 어찌할 것인가? 서둘러라, 그대!"

사람은 높은 산에 걸려서 넘어지는 것이 아니다. 살다 보면 작은 돌부리에 걸려 넘어지는 때가 훨씬 많다. 마찬가지로 우리가 실패하는 이유는 원대한 꿈 때문이 절대 아니다. 그보다는 사소한 실수, 생각 하나 때문에 무너지고 실패한다.

 삶의 원대한 목표를 세웠다면, 작은 돌부리와 같은 하루하루의 소중함을 알아야 한다. 눈에 보이는 돌부리는 쉽게 피할 수 있지만, 여기저기에 몰래 숨어 있는 작은 돌부리를 피하기란 쉽지 않다.

 아무리 철저한 계획을 세우고 열심히 노력해도 뜻대로 풀리지 않는 것이 바로 우리 삶이다. 누구나 언제, 어디서나, 얼마든지 돌부리에 걸려 넘어질 수 있다. 즉, 아무리 열심히 노력해도 실패할 수 있다.

마음가짐을 달리하라. 실패에 대담해져라. 실패에 주눅 들지 마라. 양파의 마지막은 아무것도 나오지 않지만, 껍질 하나하나가 모두 중요하게 쓰이듯, 우리 삶 역시 아무것도 아닌 것처럼 보이는 하루하루가 모여서 인생이 된다. 그만큼 우리의 하루하루는 모두 소중하고 중요하다.

"만일 미래가 없다면 우리 삶은 어떻게 될까?"

대부분 무기력하게 죽음을 맞거나 쾌락 속에서 살 가능성이 크다. 하지만 자신을 정말 사랑하고, 삶에 대해 진지하게 고민하는 사람은 그 시간을 절대 헛되이 보내지 않을 것이다.

우리의 삶은 이미 정해진 것도, 누군가에 의해 조정되는 것도 아니다. 하루하루는 우리의 노력으로 일구어가는 것이며, 땀과 눈물로 채우는 것이다. 그러니 오늘 하루도 최선을 다해서 후회 없이 살아야 한다.

삶을 바꿀만한 큰 목표건, 개인적인 작은 목표건 그것을 이루려면 반드시 그것을 방해하는 장애물에 몇 번쯤 부딪히게 된다. 누구나 마찬가지다. 성공한 사람이라고 해서 장애물이 전혀 없는 것은 아니다. 그들 역시 그것을 극복하고 그 자리에 섰다.

실패하는 사람일수록 어떤 일도 시도하지 않은 채 "나는 할 수 없다"라는 말만 입버릇처럼 외치며 산다. 그런 사람에게 미래를 바꿀 기회는 없다. 미래를 바꾸고 싶다면 마음의 문을 열고 현실을 직시해야 한다.

삶은 속도가 아니라 방향이다

고대 그리스에서 가장 뛰어난 웅변가로, 아테네 시민을 선동해서 마케도니아 왕 필리포스Philippos와 그의 아들 알렉산드로스Alexandros 대왕에 대항하도록 한 데모스테네스Demosthenes는 태어날 때부터 언어장애가 있었을 뿐만 아니라 7살에 고아가 되었다. 또한, 후견인들이 아버지의 유산마저 가로챘기에 그의 삶에 희망이라고는 전혀 없었다. 하지만 그는 좌절하지 않았다. 어느 날, 그는 한 웅변가의 연설에 감동하여 가슴 속에 꿈을 품기 시작했고, 매일 자갈을 입에 물고 말하는 연습을 하며, 자신에게 주어진 운명을 극복하기 위해 노력했다. 그 결과, 그는 아테네에서 가장 뛰어난 웅변가가 되었을 뿐만 아니라 유산을 둘러싼 재판에서도 이길 수 있었다.

누구도 장애물을 극복하지 않고는 원하는 것을 얻을 수 없다. 장애물을 극복해야만 앞으로 나아갈 수 있고, 원하는 자신과 만날 수 있다. 장애물 속에는 더 나은 삶을 만드는 기회가 숨어 있기 때문이다. 그러므로 사는 동안 어떤 장애물과 마주하더라도 흔들림 없이 그것을 대하고, 그것을 극복하기 위해 최선을 다해야 한다. 그래야만 데모스테네스처럼 무너지지 않고 운명을 바꿀 수 있다.

Half _ Time Messenger 16 미국인이 가장 존경하는 대통령, 에이브러햄 링컨

뒤가 아닌 앞을 향해 나아가라

- 15세 — 집을 잃고 길거리로 쫓겨남
- 23세 — 사업 실패
- 24세 — 주 의회 선거 출마, 낙선
- 25세 — 사업 실패(이때 진 빚을 갚기 위해 17년 동안 죽을 고생을 함)
- 26세 — 약혼녀 사망
- 28세 — 신경쇠약을 앓음
- 30세 — 주 의회 의장 선거 출마, 낙선
- 32세 — 정·부통령 선거위원 출마, 낙선
- 35세 — 하원의원 선거 출마, 낙선
- 36세 — 하원의원 공천 탈락
- 40세 — 하원의원 재선거 출마, 낙선
- 47세 — 상원의원 선거 출마, 낙선

삶은 속도가 아니라 방향이다

- 48세—부통령 후보 지명전 낙선
- 50세—상원의원 선거 출마, 낙선
- 52세—16대 대통령 선거 당선

실패투성이 이 삶의 주인공은 과연 누구일까? 미국인들이 가장 존경하는 대통령으로 꼽는 에이브러햄 링컨$^{Abraham\ Lincoln}$이 바로 그 주인공이라면 과연 믿을 수 있을까?

링컨을 연구하는 학자들에 따르면, 그는 공식적으로 총 27번 실패했다고 한다. 공식적으로 알려진 것만 그 정도니, 드러나지 않은 실패는 그보다 훨씬 많았을 것이다. 그런데도 미국인의 상당수가 가장 존경하는 대통령으로 링컨을 뽑는 것을 주저하지 않는다. 전 세계의 유명 정치인들 역시 링컨을 롤모델로 삼는 경우가 많다. 그 이유는 과연 무엇일까? 고단한 삶과 수많은 시련을 극복한 인간승리의 표본이기 때문은 아닐까?

1809년 2월, 미국 켄터키주 하딘 카운티에서 태어난 링컨은 지독히도 가난한 어린 시절을 겪었다. 얼마나 가난했는지 추운 겨울에도 팔꿈치가 뚫린 옷을 입어야 했고, 제대로 된 이불 하나 없어 추위에 온몸을 고스란히 노출해야만 했다. 그래도 마음만은 누구보다 풍요로웠다. 아버지와 어머니가 있었고, 항상 자신을 챙겨주는 마음 따뜻한 누나가 있었기 때문이다. 하지만 그가 8살 되던 해, 어머니가 병에 걸려 세상을 떠나자 모든 것이 달라졌다. 가슴 한복판이 뻥 뚫린 듯했고, 설상가상으로 아버지마저 집을 떠났다. 겨우 두 살 많은 누나와 단둘만 남게 된 그는 매일 밤 울부짖는 표범과 늑대 소리를 들으며 벌벌 떨어야만 했다. 다행히 얼마 후, 아버지가 새어머니와 함께 돌아오자 생활은 조금씩 안정을 되찾았다. 새어머니 사라 부시 존스턴은 그를 친자식처럼 대했고《이솝우화》,《워싱턴 전기》등의 책도 읽을 기회를 줬다. 하지만 그 역시 그리 오래가지 못했다. 엄마와도 같던 누나가 갑자기 세상을 떠나고 말았기 때문이다. 이때 그는 처음으로 인생의 허망함을 느꼈다고 한다.

텅 빈 마음을 채울 수 있는 것은 오직 책뿐이었다. 하지만 책 한 권 구하기도 힘든 시절이었기에《로마제국 멸망사》나《미합중국 역사》등의 책을 지인이나 신부님께 빌려서 읽어야 했다.《프랭클린의 생애》,《율리우스 카이사르》등의 책을 읽고 싶어서 데이비드라는 사람의 집에서 일까지 해주기도 했다.

성인이 된 후에는 우체국에서 일하며 일리노이주 주의원 선거에 출마하기도 했다. 그러나 결과는 낙선이었다. 곧이어 친구와 함께 시작한 잡화점 사업 역시 실패하고 말았다. 친구가 문제였다. 친구는 그가 열심히 일해서 모은 돈을 술과 노름으로 탕진했을 뿐만 아니라 수많은 빚을 그에게 남긴 채 죽었다. 그 결과, 무려 17년 동안 그 빚을 대신 갚아야만 했다. 피가 말리는 나날들이었다.

그 후 그는 우여곡절 끝에 변호사가 되었고, 결혼도 하게 되었지만, 시련은 끝나지 않았다. 네 살 난 어린 아들을 병으로 잃어야 했기 때문이다. 아버지와도 그즈음 사별했다.

본격적으로 뛰어든 정치 역시 힘겨운 싸움의 연속이었다. 주 의회 대변인 선거와 하원의원 선거, 상원의원 선거에서 거듭 낙선했고, 부통령 후보 지명전에서도 패배했다. 그러나 그는 절대 주저앉지 않았다. 멈추지 않고 계속 걷다 보면 분명 목표한 곳에 도달하리라고 믿었다.

그렇게 해서 그의 나이도 어느덧 쉰 살이 넘었다. 살아온 날보다 살아갈 날이 훨씬 적게 남은 때였다. 어느 날, 그는 자신이 걸어온 길을 되돌아봤다. 기쁘고 행복했던 날도 있었지만, 대부분 고난과 가시밭길의 연속이었다. 그런데도 후회하지 않았다. 매 순간 최선을 다했기 때문이다.

"아직 끝나지 않았어. 이제 나는 단단해질 만큼 단단해졌어. 그 무엇도 나를 꺾을 수 없어."

그는 더욱더 큰 꿈을 품었다. 대통령에 도전하기로 한 것이다. 당연히 주위 사람 모두가 비웃거나 말리고 나섰다. 지금까지의 수많은 실패로도 충분하다는 것이었다. 하지만 그는 절대 포기할 수 없었다. 그 꿈이 가슴을 설레게 했기 때문이다. 결국, 그는 그 꿈을 이루기 위해 수많은 선거에 다시 도전했고 대부분 실패했다. 하지만 마지막 도전에서 마침내 꿈을 이루어, 1861년 3월 4일 미국 제16대 대통령으로 취임했다.

링컨의 말마따나, 실패는 더 큰 사람이 되기 위한 과정이자 경험에 지나지 않는다. 누구보다도 많은 실패와 삶의 무게로 인해 힘겨운 날을 살았지만, 그에게 있어 실패는 더 크고 단단한 사람이 되기 위한 과정이었기 때문이다.

단언컨대, 링컨의 삶은 끊임없는 도전과 열정이 우리 삶에 얼마나 큰 힘을 발휘하는지를 직접 증명했다. 나이가 아무리 많아도, 상황이 아무리 좋지 않아도, 끝까지 꿈을 포기하지 않으면 결국 승리한다는 사실을 보여줬기 때문이다. 그래서일까. 혼돈의 시대를 사는 우리에게 링컨의 삶은 큰 감동을 준다.

"내가 걸어온 길은 참으로 미끄러웠다. 그 과정에서 나는 수도 없이 넘어지고 상처를 입었다. 하지만 나는 묵묵히 참고 일어서서 다시 그 길을 걸었다. 그리고 나를 향해 이렇게 말했다. '그래도 낭떠러지는 아니잖아.' 나는 묵묵히 준비했고, 천천히 포기하지 않고 끝까지 걸었다. 하지만 절대로 뒤로 가지는 않았다."

실패에 어떻게 대처하느냐에 따라서 더 큰 위기에 부딪힐 수도, 전화위복의 계기를 마련할 수도 있다. 그런 점에서 볼 때 쉽고 편한 환경에서는 링컨 같은 사람이 절대 나올 수 없다. 끊임없는 시련과 고통을 겪은 뒤라야 마음이 무쇠처럼 단단해지고, 포기와 좌절이 아닌 앞을 향해 나아가는 용기가 생기기 때문이다.

타격 기술이 아무리 뛰어난 타자라도 매번 안타를 칠 수는 없다. 10번 나와서 3번만 안타를 쳐도, 즉 타율이 3할만 되어도 수준급 선수라는 말을 듣는다.

성공 역시 마찬가지다. 언제나 성공의 순간에만 머물 수는 없다. 오히려 실패를 통해서 성공의 강도와 기쁨이 더 강해질 수도 있다. 하지만 그걸 참지 못하는 사람들이 많다. 비와 바람, 겨울을 버티지 못한 꽃은 금방 시들 듯이, 시련과 실패를 겪어내지 못하면 진정한 성공의 기쁨을 즐길 수 없다.

삶의 확신을 가진 사람일수록 어떤 시련과 실패도 쉽게 이겨낸다. 그것이 불가피한 것이며, 삶의 과정이란 것을 잘 알기 때문이다. 비록 생각대로 풀리지 않는 삶이 원망스럽고 초조할 수도 있지만, 그로 인해 쓸데없는 걱정과 비관적인 생각에 빠져서 인생을 좀먹지는 않는다. 그것이야말로 삶을 망치는 지름길임을 잘 알고 있기 때문이다.

현재 자신이 하는 일이 삶의 목적과 아무런 관련이 없다면 누구도 행복할 수 없다. 삶의 목적과 관련 없는 성공은 진정한 성공이라고 할 수 없기 때문이다. 그것은 그저 지나가는 삶의 한 페이지에 지나지 않는다.

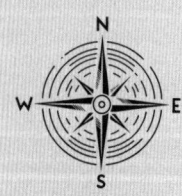

더 많이 망설이고, 더 많이 고민하면
그만큼 더 최선의 결과를 얻을 수 있을까?
더 많은 시간 고민한다고 해서
반드시 더 좋은 결과를 얻는다는 보장은 어디에도 없다.
오히려 그럴수록 더 많은 기회를 잃을 수 있다는 사실에 유의해야 한다.

Life is not a speed but a direction _ 17

당신 삶의 주인공은 누구입니까?

　　색채의 마술사로 알려진 화가 마르크 샤갈Marc Chagall, 세기의 물리학자 알베르트 아인슈타인Albert Einstein, 정신분석학의 창시자 지크문트 프로이트Sigmund Freud, 노벨문학상을 수상한 음악가 밥 딜런Bob Dylan, 영화사에 남을 수많은 명작을 만든 영화감독 스티븐 스필버그Steven Spielberg에게는 한 가지 공통점이 있다. 바로 '유대인'이라는 점이다.

　　알다시피, 유대인은 전 세계 인구의 0.2%, 미국 인구의 2%에 불과하지만, 노벨상 수상자의 22%가 넘고, 미국 아이비리그 졸업생의 30%를 차지할 만큼 세계적으로 뛰어난 인재가 많다. 전 세계 자본주의를 선도하는 것은 물론 핵폭탄을 제조하고, 인간의 마음을 최초로 해부한 사람 역시 유대인이었다. 과연, 그 비결은 뭘까?

　　그들의 자유롭고도 깊은 영감의 원천은 《탈무드》에 있다. 5천여 년에 걸쳐 유대인의 정신적 지주 역할을 해 온 《탈무드》는 유대인 지혜의 정수가 담긴 경전이자, 잠언집이요, 하나의 문학이기도 하다. 한마디로 끊임없는 민족적 수난 속에서도 성공적인 삶을 일군 유대인의 처세술과 세상살이 지혜의 집대성이라고 할 수 있다. 그 때문에 우리가 사는 이유는 무엇인가? 정의란 무엇인가? 행복이란 무엇인가? 사랑이란 무엇인가? 와 같이 어른의 오랜 경험과 깊은 지혜가 필요할 때면 유대인은 《탈무드》를 통해 해답을 얻는다. 아이들의 교육에도 그런 가치관이 그대로 담겨 있다.

유대인은 어린 시절부터 다음과 같은 이야기를 수없이 들으면서 자란다.

"부자와 가난한 사람이 배를 타고 여행을 떠났단다. 부자는 다이아몬드와 황금 등 귀한 보석을 많이 갖고 있었지만, 가난한 사람은 지식 외에는 아무것도 없었지. 그런데 배가 폭풍우를 만나 가라앉는 순간, 가난한 사람의 도움으로 부자는 겨우 목숨을 건질 수 있었단다. 과연, 두 사람 중 누가 더 부유하다고 생각하니?"

이렇듯 유대인은 질문을 통해 아이 스스로 문제를 해결하고 성장하도록 돕는다. 그런 교육을 받고 자란 아이들이 세계적인 인재가 되는 것은 어쩌면 당연한 일이다.

《탈무드》가 가장 강조하는 처세의 원칙이 있다. 바로 누구도 아닌 '자기 자신만 믿으라'라는 것이다.

어두운 밤길을 차로 달리다 보면 뒤에서 오는 차가 비추는 불빛이 그렇게 고마울 수 없다. 특히 처음 가는 막막한 시골길일수록 그 고마움은 훨씬 크다.

성공한 사람들의 이야기가 주는 감동과 가르침 역시 이와 비슷하다. 알 수 없는 내일을 향해 달려가는 우리 삶을 비추는 불빛과도 같기 때문이다. 하지만 간혹 성공한 사람의 인생을 마치 자기 삶인 양 착각하는 이들이 있다. 심지어 그들은 자기 생각과 말이 아닌 성공한 이들의 생각과 말로 자기 삶을 채우기도 한다. 자기 삶을 다른 사람의 것으로 온통 채우는 것이다. 그들에게 이렇게 묻고 싶다.

"당신 삶의 주인공은 누구입니까?"

성공한 사람들의 이야기가 적지 않은 감동과 가르침을 주는 것은 사실이다. 하지만 어디까지나 그것은 그 사람들의 이야기일 뿐, 그들과는 전혀 다른 삶을 살아야 하는 나의 이야기는 아니다. 즉, 참고는 할지언정, 절대적인 가치나 나만의 성공 원칙으로 삼아서는 안 된다.

사람들이 흔히 하는 착각 중 하나로 '더 많이 망설이고, 더 많이 고민하면 그만큼 더 최선의 결과를 얻을 수 있다'라는 것이 있다. 과연 그럴까?

더 많은 시간 고민한다고 해서 반드시 더 좋은 결과를 얻는다는 보장은 어디에도 없다. 오히려 그럴수록 더 많은 기회를 잃을 수 있다는 사실에 유의해야 한다.

세상을 믿지 말고, 자기 자신을 믿어야 한다. 순진하게 살기에는 이 세상은 너무도 거칠고 위험하다. 지금 우리가 사는 세상은 정글과도 같기 때문이다. 알다시피, 정글은 힘의 논리에 의해서 모든 것이 좌우된다. 약한 자는 언젠가는 반드시 강한 자의 먹잇감이 되고 만다. 말 그대로 약육강식의 세계인 셈이다.

대부분 사람은 어떤 일의 결과에 대해 이중적인 잣대를 갖고 있다. 그러다 보니 일이 잘되면 자기가 잘났기 때문이고, 잘못되면 불가피한 사정, 즉 핑계를 대거나 남 탓하기 일쑤다.

누구나 처음 하는 일은 힘들고 어려운 법이다. 그러니 '과연 내가 잘할 수 있을까'라며 흔들리고 불안해하는 것은 당연하다. 그렇다고 해서 미리 겁낼 필요까지는 없다. 고 정주영 현대그룹 회장은 직원들에게 "이래저래 해서 그것은 불가능합니다"라는 말을 들을 때마다 크게 화를 내며 이렇게 물었다고 한다.

"이봐, 해보긴 해봤어?"

어떤 일을 하는 데 있어 철저한 분석과 예상되는 문제점들에 대한 확실한 대비책은 꼭 필요하다. 하지만 그보다 훨씬 중요한 것이 있다. 바로 '나는 할 수 있다'라는 긍정적인 마음을 갖는 것이다.

언제까지 다른 사람의 먹잇감만 될 것인가? 이제 그 애처롭고 무기력한 삶에서 벗어날 때도 되지 않았는가? "나비처럼 날아서 벌처럼 쏜다"라는 말로 유명한 전설의 복서 무하마드 알리Muhammad Ali는 늘 자신감이 넘쳤으며 자기 성취력이 뛰어났다. 흑인이라는 이유로 온갖 차별을 받으면서도 그가 세계 챔피언에 세 번씩이나 오를 수 있었던 이유도 바로 자신감이 있었기 때문이다.

"자신을 믿어라. 난 최고다. 나는 세계의 왕이다. 최고의 챔피언이 되려면 스스로 최고라고 믿어야 한다. 만일 그렇지 않으면 그런 척이라도 해야 한다. 스스로 믿는 사람은 의심 많은 사람보다 언제나 더 뛰어난 성취를 할 수 있다."

누가 뭐라고 해도 내 인생의 주인공은 바로 나다. 자신을 믿고 용기와 사랑을 끊임없이 전해야 한다. 자신을 믿지 못하고 사랑하지 않는데, 어찌 다른 사람에게 신뢰받고 사랑받을 수 있겠는가? 자기 삶을 하나의 드라마로 만드는 것은 다른 누구도 아닌 오직 자기 자신이다.

Half_Time Messenger 17 미래를 예견한 '팝아트'의 창시자, 앤디 워홀

가슴 뛰는 삶을 살아라

흔히 "예술은 깊이가 있어야 한다"라고 말하곤 한다. 여기에 반발한 사람이 있다. 전통적 예술개념을 타파한 '팝아트$^{pop\ art}$'의 선구자 앤디 워홀$^{Andy\ Warhol}$이 바로 그다. 그의 작품은 늘 대중으로부터 '깊이'에 대한 지적을 받았다. 하지만 정작 당사자인 그는 단 한 번도 그렇게 생각하거나 그것을 불편하게 생각하지 않았다. 시대를 앞서가는 예술은 비난과 비판을 어느 정도 감수해야 한다고 생각했기 때문이다.

앤디 워홀의 작품은 그때까지 볼 수 없었던 낯설고 새로운 세계를 보여줬다. 대중 역시 그런 그에게 열광했다. 그의 작품이 경매에서 매번 최고가를 갱신할 만큼 인기 높은 이유도 바로 그 때문이다. 시대를 앞선 예술정신과 대중의 사랑이라는 두 마리 토끼를 다 잡은 셈이다.

선구자라는 점에서 앤디 워홀은 천재임이 틀림없다. 더욱이 그의 작품은 보는 사람에 따라서 해석이 달라질 만큼 매우 다양한 의미를 담고 있

다. 현대 미술에서 앤디 워홀만큼 작품 하나에 다양한 의미를 담은 작가는 그가 처음이다. 그렇기에 그가 더 돋보이는 것이다. 그 비결에 대해 그는 이렇게 말했다.

"나는 그저 내게 아름답게 보이는 것들과 우리가 깨닫지 못한 채 매일 쓰고 있던 물건들을 그렸을 뿐이다."

1928년 펜실베이니아주 피츠버그의 슬로바키아 이민자 가정에서 삼형제의 막내로 태어난 앤디 워홀은 매우 허약했고 걸핏하면 아프기 일쑤였다. 아홉 살 때는 희소병에 걸려 두 달 동안 집안에서만 지내기도 했다. 그의 어머니는 그런 그를 애지중지하게 여긴 나머지 만화책과 색칠 공부책, 영화잡지 등을 사주고는 했는데, 이것이 훗날 그의 작품세계에 큰 영향을 끼쳤다.

아메리칸 드림을 꿈꾸며 미국으로 건너온 그의 아버지는 가난한 광부였다. 하지만 오염된 물을 마신 후 3년 동안 앓다가 앤디 워홀이 열네 살 되던 해에 세상을 떠났다. 그때부터 그는 집안의 생계를 위해 집을 떠난 두 형을 대신해서 실질적인 가장 역할을 해야 했다.

내성적이었던 그가 유일하게 좋아했던 일은 그림 그리기였다. 막대기로 땅에 그림을 그리면 감탄하지 않는 사람이 없을 정도였다. 누군가가 "너는 꿈이 뭐냐?"고 물으면 언제나 "마티스 같은 화가가 되는 것"이라고 말할 만큼 미술에 대한 욕구가 강했다. 하지만 어려운 형편 탓에 그것을 즐길 여유는 없었다. 스스로 학비를 벌지 않으면 안 되었기 때문이다.

고등학교를 졸업할 무렵, 수많은 고민 끝에 그는 미술에 자신의 모든 것을 걸기로 한다. 미술이야말로 자신이 가장 잘할 수 있는 일이었기 때문이다. 그렇게 해서 한 패션 잡지에서 삽화 그리는 일을 하며 화가의 꿈을 키워나가기 시작했다.

그의 꿈은 미술계에 길이 남는 위대한 예술가가 되는 것이었다. 비록 무명에 가까웠지만, 꿈 하나만은 원대했고, 열정 역시 남달랐다.

'언제까지 세상의 부름을 기다릴 수만은 없어. 세상의 관심을 끌어야 해. 그러자면 지금까지 볼 수 없었던 전혀 새로운 작품을 만들어야 해.'

그때부터 그는 다른 사람들이 전혀 시도하지 않은 작품을 만들기 위해 10년 가까운 세월을 매달렸고, 세계 미술을 이끌던 뉴욕으로 이사했다. 당시 뉴욕은 2차 세계대전을 피해서 온 예술가들로 넘쳐났다. 그만큼 경쟁이 치열했지만, 곧 그에게도 기회가 찾아왔다. 광고 의뢰가 들어온 것이다. 그는 한동안 작품 구상에 몰두했고, 마침내 자신만의 독특한 방식으로 광고를 완성했다. 기름종이에 잉크로 그림을 그린 후, 그 위에 잉크가 잘 흡수되는 종이를 얹어 그림을 찍어내는 방식이었다. 그림은 깔끔하면서도 독특한 분위기를 자아냈다. 그 결과, 사람들로부터 큰 인기를 얻었을 뿐만 아니라 그의 이름 역시 널리 알려지게 되었다. 그리고 이는 예술가라면 누구나 꿈꾸던 맨해튼〈Stable Gallery〉에서의 전시회로 이어졌다.

그는 당시 대부분 화가들이 추구했던 추상화가 아닌 대중에게 익숙한 것들에 자신만의 독특한 스타일을 곁들였다. 한 번은 갤러리 벽에 콜라병과 캠벨 수프 깡통을 가득 전시했는데, 그걸 본 사람들은 대부분 고개를 갸웃거렸다. 그것이 의미하는 바를 전혀 알 수 없었기 때문이다. 비평가들 역시 마찬가지였다.

"워홀 씨, 이 작품은 뭘 의도한 것이죠?"

그 말에 그는 엉뚱한 대답을 늘어놓았다.

"제가 수프와 콜라를 좋아하거든요."

한 번은 기자가 "이 작품은 어떤 의미인가요?"라고 물었다.

그러자 그는 되레 기자에게 이렇게 물었다.

"당신은 이 작품에 대해 어떻게 생각하나요?"

매번 그런 식이었다. 단 한 번도 그는 자기 작품에 대해 이러쿵 저러쿵 말하지 않았다. 기존 화가들과는 달리, 자신을 철저히 감추었던 것이다. 그리고 이 전략은 성공했다. 사람들이 그의 작품에 대한 각자의 해석을 쏟아내기 시작했기 때문이다.

'공장'이라고 불리던 맨해튼의 그의 작업실 역시 평범하지 않았다. 그는 낡은 창고에 불과하던 그곳을 매우 독특하게 꾸몄다. 붉은 벽돌로 담을 쌓은 후 벽과 기둥 일부를 은색으로 칠하고, 작업실 한가운데에 빨간색 소파와 헬륨을 넣은 은색 베개를 갖다 놓았다. 누가 봐도 범상치 않았다. 당연히 금세 소문이 퍼졌고, 곧 수많은 사람이 몰려들었다. 그는 그들 모두를 환영했고, 그들을 위해 밴드를 불러 쇼를 열기도 했다. 그러자 그의 개방적이고 독특한 사고방식에 점점 빠져든 사람들은 그와 한 마디라도 나누기 위해 경쟁적으로 그의 주위에 몰려들었다. 하지만 그럴수록 그는 말을 아끼며 사람들의 호기심을 자극했다.

이렇듯 앤디 워홀의 삶과 작품은 낯설뿐더러 생소하며, 때로는 신비스럽기까지 하다. 그가 자신만의 세계에 갇혀서 그 독특함이 빛을 발했는지, 아니면 사람들의 호기심을 자극하기 위해 일부러 그런 전략을 썼는지는 누구도 알 수 없다. 다만, 그가 많은 사람의 가슴을 뛰게 한 예술가인 것만은 누구도 부정할 수 없다.

사람들은 항상 새로운 것에 관심이 많다. 특히 지적 새로움은 흥미뿐만 아니라 깊은 존경까지도 끌어낸다. '팝아트의 선구자', '팝아트의 제왕'으로 불리며, 대중미술과 순수미술의 경계를 무너뜨린 앤디 워홀은 그것을 누구보다 잘 알았다. 이에 미술뿐만 아니라 영화, 광고, 디자인 등 시각예술 전반에 걸쳐서 혁명적인 변화를 주도하며 예술계의 전설이 되었다.

살아생전 그는 다음과 같은 말로 선후배 예술가들의 창작욕을 자극하곤 했다.

"사람들은 시간이 사물을 변화시킨다고 생각하지만, 사실 당신 스스로 그것들을 변화시켜야만 한다."

터키의 국민시인 나짐 히크메트[Nazim Hikmet]의 〈진정한 여행〉이라는 시가 있다. 그가 감옥에서 썼다는 그 시를 보면 한 번뿐인 삶을 어떻게 살아야 하는지 알 수 있다.

가장 훌륭한 시는 아직 쓰이지 않았다
가장 아름다운 노래는 아직 불리지 않았다
최고의 날은 아직 살지 않은 날들
가장 넓은 바다는 아직 항해하지 않았고
가장 먼 여행은 아직 끝나지 않았다
불멸의 춤은 아직 추어지지 않았으며
가장 빛나는 별은 아직 발견되지 않은 별
무엇을 해야 할지 더는 알 수 없을 때
그때 비로소 진정한 무엇인가를 할 수 있다
어느 길로 가야 할지 더는 알 수 없을 때
그때가 비로소 진정한 여행의 시작이다

가슴 뛰는 삶을 살아라. 그것이 우리가 이 세상에 온 이유이자 목적이다. 어떤 순간이라도 자신이 원하는 방향으로 삶이 나아가게 해야 한다.

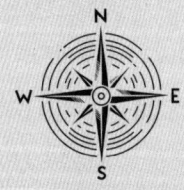

욕심 부리지 말고 '욕망'하라.
욕심이 '분수에 맞지 않게 탐하는 것'이라면,
욕망은 '뭔가 부족함을 느껴서 그것을 얻고자 하는 마음'을 말한다.
지나치게 욕심 부리면 그것의 노예가 되어 삶을 망칠 수 있지만,
욕망은 마음의 빈 공간을 채운다.
그러므로 욕심보다는 욕망을 통해 원하는 삶을 만들어가야 한다.

LIfe is not a speed but a direction _ 18

욕심 부리지 말고 '욕망'하라

한고조 유방劉邦에게는 '건국 3걸'로 불리는 충성스러운 부하가 셋 있었다. '장자방'이라 불리는 명참모 '장량張良'과 불세출의 장수 '한신韓信', 충직한 신하의 모범 '소하蕭何'가 바로 그들이다. 이 세 사람이 있었기에 그는 절대적으로 불리했던 초패왕 항우項羽와의 싸움에서 승리해 천하를 차지할 수 있었다.

유방이 제위에 오르기 2년 전인 서기 204년. 이때 한신은 위나라를 격파한 후 사기가 하늘을 찌를 듯했다. 유방은 그 여세를 몰아 그에게 조나라를 공격하게 했다. 이 소식을 들은 조나라 왕은 20만 대군을 급히 동원해서 한나라가 쳐들어올 길목에 방어선을 쳤다. 이때 조나라의 책사였던 이좌거李左車는 재상 진여陳餘에게 길목에서 기다리고 있다가 적을 치자고 건의했지만, 진여는 그 말을 무시한다. 그 사실을 전해 들은 한신은 기병 2,000명을 조나라 성 뒤에 매복시킨 후 나머지 군사들은 강가로 후퇴하게 해서 강을 등에 지고 진을 쳤다. 그러자 이 소식을 들은 조나라 왕은 그를 비웃으며 이렇게 말했다.

"진을 칠 때는 산이나 언덕을 오른편에 두거나 뒤에 두고, 강은 앞이나 왼편에 둬야 한다는 것은 삼척동자도 다 아는 사실인데, 강을 등지고 진을 치다니, 참으로 한심하구나. 한신이 명장이라는 말은 다 헛소문이었나 보다. 그의 군대 역시 오합지졸임이 분명하니, 서둘러서 전쟁을 끝내자."

이윽고 날이 밝자 조나라 군사들은 구름 떼처럼 공격해왔고, 이를 본 한신의 군대는 잔뜩 겁을 먹은 채 벌벌 떨었다. 그런 군사들을 향해 한신은 비장한 표정을 지으며 이렇게 말했다.

"두려워하지 마라! 우리 뒤에는 강이 있기에 더는 물러설 수도 없다. 어차피 죽을 바에는 강물에 빠져 죽는 것보다 싸워서 죽는 것이 더 명예롭지 않겠느냐. 그러니 죽을힘을 다해서 싸우자!"

더는 도망갈 곳이 없었던 한신의 군대는 목숨을 걸고 맹렬히 싸웠다. 그러자 도저히 이길 수 없을 것 같던 싸움에 희망이 조금씩 보이기 시작했고, 뭔가 이상하다는 징후를 감지한 조나라 군대는 서서히 퇴각하기 시작했다. 하지만 한신의 명을 받은 무장 기병들이 이미 조나라의 성을 장악한 후였다.

한신의 군대는 수적으로나, 전투력에 있어서나 조나라 군대보다 훨씬 열세였다. 하지만 죽을 각오로 싸웠기에 기적과도 같은 승리를 거둘 수 있었다. 그만큼 한신은 전략의 달인으로 사람 마음을 이용할 줄 아는 최고의 명장이었다.

"죽을힘을 다해서 자신이 가진 에너지를 100% 발산한 적이 있는가?"

누구나 열정이 있고, 강력한 동기만 있다면 자신의 한계를 뛰어넘어 큰 성과를 낼 수 있다. 특히 열정은 모든 것을 가능하게 한다.

성공과 실패는 주위 환경이나 상황에 의해 좌우되지만, 일차적인 원인은 전적으로 자기 자신에게 달려있다. 예컨대, 사슴은 사자보다 절대 빨리 달릴 수 없다. 하지만 모든 사슴이 사자의 먹잇감이 되는 것은 아니다. 살기 위해서 목숨을 다해 도망치는 사슴은 사자의 추격을 얼마든지 따돌릴 수 있기 때문이다.

다이아몬드와 돌멩이가 눈앞에 있다고 하자. 둘 중 하나를 선택해야 한다면 과연 어느 쪽을 택할 것인가? 바보가 아닌 다음에야 누구나 다이아몬드를 택할 것이 당연하다.

누구나 욕심이 있다. 그것이 어디 물질뿐이겠는가. 꿈, 행복, 사랑, 돈도 이왕이면 남보다 더 많이 갖고 싶은 것이 인지상정이다. 이를 다른 말로 하면 '욕망'이라고 할 수 있다.

욕심과 욕망은 인간의 본능으로 우리 삶의 발전을 꾀하는 강력한 힘의 원천이기도 하다. 문제는 모든 것이 그렇듯이, 욕심과 욕망 역시 지나치면 해가 된다는 것이다.

만족할 줄 모르고, 자만심이 커질수록 삶은 교만해지기 마련이다. 그렇게 되면 자기 인격마저 잃고, 곧 모든 것을 잃게 된다.

'계영배戒盈杯'라는 술잔이 있다. 절제와 겸손을 가르치는 신비한 술잔으로 '절주배節酒杯'라고도 한다.

계영배는 술을 7할 이상 부으면 이미 부은 술마저 넘친다. 우리가 어떤 그릇에 물을 채우려고 할 때 지나치게 채우면 곧 넘치는 이치와도 같다.

계영배에는 "끝없는 욕심을 경계하며 살라"라는 선조들의 가르침이 담겨 있다. 그 대표적인 예가 조선 후기의 거상 임상옥이다. 그는 계영배를 늘 곁에 두고 탐욕을 경계했다. 또한, 말년에 이르러 힘들게 모은 재산을 모두 사회에 환원하고, 채소밭을 일구며 여생을 보냈다. 재물을 모으되, 그것에 집착하지 않고, 어떻게 쓸 것인가를 한순간도 잊지 않은 것이다.

중요한 것은 누구나 그렇게 하기란 절대 쉽지 않다는 것이다. 힘들게 고생해서 모은 재산을 아무런 대가도 바라지 않고 사회에 환원한다는 것은 아무나 할 수 있는 일이 아니기 때문이다. 항상 넘침을 경계하고, 겸손이 몸에 밴 사람만이 할 수 있는 일일 것이다.

우리의 모든 행동은 욕망으로부터 시작된다고 해도 과언이 아니다. 즉, 잘 살고자 하는 욕망이 있기에 열심히 일하고, 복권을 사며, 똑똑하고자 하는 욕망이 있기에 열심히 공부한다. 그런 점에서 볼 때 욕망이 없으면 게으르고, 소극적이기 쉽다. 어떤 일에도 흥미를 느낄 수 없기 때문이다. 그 결과, 욕망이 없는 사람들은 능력과 경쟁력이 떨어진다는 소리를 듣기에 십상이다.

이 세상 어떤 위대한 일도 열정 없이 이루어진 것은 없다. 그만큼 열정은 위대한 성과를 이루는 기초이자 도전과 모험을 끌어내는 열쇠다. 또한, 실패의 구렁텅이에 빠졌을 때 꿈을 향해 다시 달려가게 하는 자양분이자, 진정으로 원하는 것을 이루기 위해 끝까지 물고 늘어지게 하는 요인이기도 하다. 그런 열정을 지니려면 무모한 욕심을 지녀서는 안 된다. 욕심은 열정이 아닌 탐욕을 부르기 때문이다.

욕심 부리지 말고 '욕망'하라. 욕심Greed이 '분수에 맞지 않게 탐하는 것'이라면, 욕망Desire은 '뭔가 부족함을 느껴서 그것을 얻고자 하는 마음'을 말한다. 지나치게 욕심 부리면 그것의 노예가 되어 삶을 망칠 수 있지만, 욕망은 마음의 빈 공간을 채운다. 그러므로 욕심보다는 욕망을 통해 원하는 삶을 만들어가야 한다.

죽을힘을 다해서 자신이 지닌 힘과 열정을 100% 발산해야 한다. 그래야만 한신의 '배수진'과도 같은 일이 우리 삶에도 일어날 수 있다.

Half _ Time Messenger 18 포기를 모르는 탐험가, 크리스토퍼 콜럼버스

용기 있는 사람만이 삶을 바꿀 수 있다

"지난 1,000년 동안 인류 역사상 최고의 탐험가는 과연 누구일까?"

새로운 1,000년을 앞둔 1999년 말 영국 〈BBC〉가 사람들에게 물은 여론조사 항목 중 하나다. 당시 많은 사람이 이 질문에 큰 관심을 보였는데, 영예의 1위는 탐험가 크리스토퍼 콜럼버스Christopher Columbus가 차지했다. 그 뒤를 제임스 쿡James Cook, 닐 암스트롱Neil Armstrong, 마르코 폴로Marco Polo가 이었고, 5위는 어니스트 섀클턴Sir Ernest Henry Shackleton이 차지했다.

당대 최고의 항해사였던 콜럼버스는 지구가 둥글다고 믿은 소수 중 한 명이었다. 하지만 당시 이는 도저히 인정할 수 없는 주장이었다. 당연히 당시 교회는 거짓말로 사람들을 유혹한다는 죄로 그를 고발했다.

1492년 8월 3일, 스페인 팔로스항은 아침부터 매우 분주했다. 산타 마리아호, 니냐호, 핀타호 등 세 척의 배에 오른 90여 명의 선원 역시 일사불

란하게 움직였다. 일찍이 마르코 폴로의《동방견문록》과 당대의 저명한 지리학자였던 파올로 토스카넬리$^{Paolo\ Toscanelli}$의 책을 탐독하며 동양의 황금과 명예를 양손에 가득 쥘 수 있다는 욕심을 품었던 콜럼버스는 바다를 쳐다보며 선원들의 움직임을 주시했다. 이때만 해도 그는 자신의 이번 항해가 세계 역사를 바꾸는 매우 중요한 계기가 되리라고는 전혀 생각하지 못했다.

당시 그는 항해 일지에 다음과 같이 적었다.

"1492년 8월 3일, 산타 마리아호, 니냐호, 핀타호 등 세 척의 배를 이끌고 팔로스항을 출발했다. 향료와 황금이 풍부하다고 알려진 인도로 가는 바닷길을 찾기 위해서였다. 처음에는 모두가 꿈에 부풀어 있었다. 하지만 예정보다 항해가 길어지고, 육지의 그림자조차 보이지 않자 하나둘씩 불만을 말하기 시작했다. 선상 반란의 움직임마저 보일 정도였다. 날씨와 환경, 음식 어느 것 하나 불평의 대상이 아닌 것이 없었다."

미지의 세계를 향해 스페인을 떠난 콜럼버스와 선원들. 그러나 그들에게 보이는 것이라고는 사나운 바람과 거친 파도, 끊임없이 펼쳐지는 바다와 하늘뿐이었다. 그리고 그것은 곧 절망과 두려움으로 변했다.

선원들은 너나 할 것 없이 두려움과 분노에 몸을 떨며 콜럼버스를 노려봤다. 그것은 항해를 그만 멈추고 스페인으로 돌아가자는 암묵의 협박이기도 했다. 하지만 콜럼버스는 아무렇지 않은 듯 선원들을 향해 이렇게 말했다.

"사흘만 더 가면 육지가 보일 것이다."

이를 통해 다시 한번 분위기를 되돌릴 수 있었지만, 그 역시 불안하기는 마찬가지였다. 사흘이라는 시간이 더 주어졌을 뿐, 무엇도 확신할 수 없었기 때문이다. 그런데 사흘째 되는 날, 마침내 기적이 일어났다. 극적으로 첫 번째 신대륙인 바하마제도의 산살바도르섬에 도달한 것이다. 그때가 1492년 10월 12일이었다.

우스갯소리로 콜럼버스를 가리켜서 모두가 '아니요'라고 말할 때 혼자 '예'라고 말한 사람이라고 한다. 그만큼 그는 자기 확신의 대가였다. 그가 4차 항해를 완결한 1502년 스페인 국왕 페르난도와 왕비 이사벨 앞으로 보낸 보고서를 보면 다음과 같은 말이 나온다.

"제가 신대륙을 발견할 수 있었던 것은 수학의 힘이나 항해술 때문이 아닙니다. 그것은 오로지 저의 믿음 때문이었습니다."

사람은 신념이 있으면 꿈이 생기고, 희망이 있으면 용감해진다. 그런 사람에게 수많은 성취와 성공이 뒤따르는 것은 당연한 일이다. 반면, 희망이 없는 사람은 항상 조급해한다. 그런 사람이 신념이 있을 리 없다. 인내심 역시 없기는 마찬가지다.

콜럼버스는 포기를 모르는 사람이었다. 신대륙 발견을 위한 항해를 시작할 때도 필요한 자금을 지원받기 위해서 왕과 왕비에게 무려 8년 동안 호소했을 정도였다.

실패를 극복하는 과정에서 보여줬던 그의 리더십은 수백 년이 지난 지금도 여전히 유효하다.

콜럼버스는 목표를 세우면 머뭇거리지 않고 오직 거기에만 집중했다. "무슨 일이 있어도 최종목표를 잊지 마라. 절대 포기하지 마라. 포기하지만 않으면 다른 방법이 얼마든지 있다."

그런 그에게 우리가 배워야 할 점은 크게 두 가지다.

첫째, 명확한 비전 설정 능력을 배워야 한다. 그는 "이슬람교도의 땅을 지나지 않고 인도로 가는 새로운 방법을 찾는다"라는 명확한 비전을 세우고, 그에 따른 경제적 이념과 종교적 가치를 당시 스페인 국왕이던 이사벨라 1세에게 제시했고, 이것이 여왕의 마음을 움직여 큰 투자를 받을 수 있었다. 명확한 비전 설정 능력이야말로 누구도 믿지 않았던 대항해 프로젝트를 가능하게 한 최고의 비결이었던 셈이다.

둘째, 철저한 준비 정신을 배워야 한다. 그의 비전은 다른 사람들의 단순한 꿈과는 달리 경험과 전문지식이 철저하게 뒷받침이 되어 있었다. 아닌 게 아니라 그는 바다에서 수많은 경험을 쌓은 노련한 항해사이자, 지리학의 최신 정보를 알고 있던 뛰어난 지리학자이기도 했다. 실제로 스페인 세비야의 콜럼버스 박물관에 보관 중인 《마르코 폴로 여행기》를 보면 수도 없이 되풀이해서 읽은 흔적과 함께 그가 라틴어로 쓴 수많은 메모와 주석을 볼 수 있다.

탐험에서 돌아올 때면 그는 성대한 축하 잔치에 자주 초대받곤 했다. 하지만 그의 명성이 높아지자 그를 시기하는 사람들 역시 하나둘씩 생겼다.

어느 날, 그중 한 명이 그를 향해 말했다.

"대서양 서쪽으로 가다 보면 새로운 섬이 나오는 건 당연한 일 아니오? 그러니 당신은 누구나 할 수 있는 일을 한 것에 불과하오."

그 말에 콜럼버스는 탁자 위에 놓인 달걀을 집으며 이렇게 말했다.

"누구든지 좋습니다. 이 달걀을 탁자 위에 세울 수 있습니까?"

그의 말을 듣고 너나 할 것 없이 달걀을 세우려고 했지만, 모두 실패했다. 사람들은 처음부터 불가능한 일을 그가 말한 것으로 생각하고, 그에게 직접 해보라고 했다. 그러자 그는 아무렇지도 않은 듯 달걀 끝을 탁자에 톡톡 친 뒤 깨진 쪽이 밑으로 가게 한 후 달걀을 똑바로 세웠다. 그리고 사람들을 향해 이렇게 말했다.

"이렇게 하는 것은 남이 하고 난 뒤에는 매우 쉽습니다. 하지만 처음으로 하기는 어렵지요. 저의 탐험 역시 마찬가지입니다. 이전까지 누구도 하지 않았던 일이었기에 절대 쉽지 않았습니다."

그 후 누구도 그를 더는 우습게 여기지 않았다.

세상에 '희망'이란 두 글자보다 더 크고 위대한 말은 없다. 그것은 우리를 살게 하는 힘과 용기를 준다. 힘들고 어려울수록 희망을 품어야 하는 이유다.

콜럼버스는 지친 선원들과 자신을 위로하기 위해 항상 다음과 같은 말로 항해 일지를 끝맺었다.

"우리는 오늘도 서쪽으로 전진하고 있다."

미국 현대 문학의 개척자 어니스트 헤밍웨이$^{Ernest\ Hemingway}$는《노인과 바다》에서 고통과도 같은 바다에 끊임없이 도전하는 노인의 삶을 통해 어떻게 살아야 하는지를 말한 바 있다. 즉, 수많은 시련에도 굴복하지 않고 다시 일어서는 과정을 통해 삶의 좌표를 잃고 헤매는 이들에게 용기와 희망을 전한다.

살면서 힘들지 않은 사람은 없다. 크건 작건 누구나 고민을 안고 산다. 성공한 사람들 역시 마찬가지다. 그들이라고 처음부터 탄탄대로만 걸은 것은 아니다. 프랑스의 세계적인 패션 디자이너 크리스티앙 디오르$^{Christian\ Dior}$는 절대로 디자이너가 될 수 없다는 말을 들었고, 스타벅스 창업자 하워드 슐츠$^{Howard\ Schultz}$는 200번 넘게 제안을 거절당했다.

희망이 현실이 되려면 수많은 고난과 시련을 겪어야 한다. 하지만 그것이 두려워서 발걸음조차 떼지 못한다면 제자리에 머물기는커녕 오히려 점점 뒤처지고 만다.

우리 역시 삶의 좌표를 잃고 헤맬 때마다 콜럼버스가 그랬듯이 이렇게 다짐해 보는 건 어떨까?

"나는 오늘도 꿈을 향해 전진하고 있다."

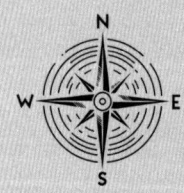

겸손으로 가는 문은 아주 낮고 작다.
그 때문에 누구나 몸을 숙여야만
그 문을 쉽게 통과할 수 있다.
중요한 것은 몸을 숙이는 것은
자신을 낮추는 것이 아니라
더욱 높아지게 한다는 것이다.

LIfe is not a speed but a direction _ 19

높아지려면 먼저 낮아져야 한다

미국 독립선언서 초안을 작성한 벤저민 프랭클린Benjamin Franklin이 젊은 시절 겪은 일이다.

어느 날, 그가 이웃집에 들러 급한 일을 마친 후 밖으로 막 나가려는 순간, 누군가가 다급하게 외치는 소리가 들려왔다.

"머리를 숙여요!"

하지만 이미 문틀에 이마를 부딪친 후였다. 별이 번쩍이는 고통이 느껴지는 가운데 다음과 같은 말이 다시 들려왔다.

"젊은이, 세상을 살 때 머리를 숙이면 숙일수록 위험한 일에서 쉽게 벗어날 수 있을 걸세."

그때부터 프랭클린은 그 말을 평생 교훈으로 삼았다.

반세기 전인 1953년 5월 29일 오전 11시 30분, 세계에서 가장 높은 산인 에베레스트 정상에 두 사람의 발길이 세계 최초로 닿았다. 뉴질랜드 등반가 에드먼드 힐러리Sir Edmund Hillary와 네팔인 셰르파 텐징 노르가이Tenzing Norgay였다. 그 후 두 사람 중 누가 먼저 정상에 발을 디뎠는지를 두고 수많은 의혹이 제기되었다. 당시 힐러리는 다음날 열리는 엘리자베스 2세 여왕의 대관식에 선물로 바칠 사진 촬영에 열중했고, 노르가이는 아버지에게서 들은 '황금 송아지'를 찾느라 여념이 없었다. 그 때문에 힐러리가 찍은 사진에는 노르가이 밖에 나오지 않았다. 하지만 두 사람은 침묵으로 일관할 뿐, 누구도 자신이 세계 최초라고 말하지 않았다.

"누가 먼저 정상에 섰냐?"라는 질문에 힐러리는 이렇게 말했다.

"누가 먼저 정상에 섰느냐가 중요한 것이 아니다. 노르가이와 나는 함께 정상에 올랐고, 함께 살아서 내려왔다. 모든 영광은 그와 함께했기에 가능했다."

힐러리는 하늘 아래 가장 높은 곳에 가장 먼저 오르고도 가장 낮고 겸손한 마음을 지닌 사람이었다. 그의 이런 따뜻한 마음은 행동으로 이어졌다. 네팔 셰르파와 가족을 돕기 위한 재단을 설립해 병원과 학교를 지은 것이다.

노르가이 역시 마찬가지였다. 가난에 사무친 그는 가장 빨리 돈을 버는 방법을 찾아서 셰르파가 되었고, 에베레스트 정상 정복 후 등반가라면 누구나 부러워하는 영웅이 되었다. 가난에 못 배운 한까지 겹쳤던 그는 여섯 아이를 학교에 보내며 이렇게 말하곤 했다.

"너희를 저 산에 보내지 않으려고 내가 산에 올랐다."

그러나 아들이 에베레스트 등반의 꿈을 끝내 버리지 못하자 "에베레스트 정상에 선다고 해서 세상을 다 볼 수는 없다. 정상에 오르면 세상이 얼마나 넓은지 알 뿐이지"라는 말을 남긴 채 죽고 말았다. 그렇게 해서 힐러리와 노르가이 두 사람 중 누가 먼저 에베레스트를 정복했는지는 영원한 숙제가 되고 말았다.

"스스로 자신을 높이는 가장 좋은 방법은 뭘까?"

옛사람들은 자신을 낮춤으로써 스스로 품위를 높였다. 즉, 겸손을 자신을 높이는 최고의 미덕으로 삼았다.

겸손에는 세 가지가 있다. 첫째, 나를 낮추는 겸손, 둘째, 상대를 높이는 겸손, 셋째, 자기를 이기는 겸손이 바로 그것이다. 그런 점에서 볼 때 세상에 정말 잘난 사람과 못난 사람의 가장 결정적인 차이가 있다면 그것은 아마 '겸손'일 것이다. 정말 잘난 사람은 항상 자신을 낮춤으로써 다른 사람의 존경을 받기 때문이다.

겸손한 사람일수록 자신감과 책임감을 함께 느끼고, 거기에 맞는 삶을 산다. 요즘처럼 이기적이고 자기중심적인 생각과 행동이 넘치는 시대에 꼭 필요한 덕목인 셈이다.

테레사 Madre Teresa 수녀가 인도의 한 가난한 마을에서 아이들을 돌볼 때의 일이다. 평소에 수녀를 못마땅해하던 마을 유지가 거드름을 피우며 말했다.

"수녀님, 수녀님은 정말 저처럼 돈이 많거나 지위가 높은 사람을 보면 부러운 마음이 전혀 들지 않으십니까? 정말 지금 삶에 만족하세요?"

그 말에 테레사 수녀는 미소를 지으며 이렇게 말했다.

"섬기는 사람은 위를 쳐다볼 시간이 없답니다."

그 말에 부끄러움을 느낀 마을 유지는 더는 그 자리에 있지 못하고 줄행랑치고 말았다.

삶의 전환기에 기차를 타고 가다가 우연히 본 가난한 사람들 때문에 스스로 '가난한 사람의 대표'가 되기로 한 마더 테레사는 가난한 이들을 말로만 사랑한 것이 아니라 몸과 마음으로 늘 함께했다. 그랬기에 종교와 나라를 초월해서 수많은 사람에게서 존경과 사랑을 받으며, '성녀'로 추앙받고 있다. 성이 따로 있는데도 이름 앞에 늘 '어머니Mother'라는 호칭이 붙기도 한다. 그때마다 테레사 수녀는 한사코 겸손해하며 이렇게 말하곤 했다.

"나는 성녀가 아니라 그저 평범한 사람일 뿐입니다."

진실로 위대한 사람들은 다른 사람을 조종하고 지배하기보다 자기 자신을 조종하는 데 힘을 쏟는다. 또한, 그들은 누군가가 자신보다 못한 사람들을 위해서 탑을 세우겠다고 해도 절대 반대하지 않는다.

겸손으로 가는 문은 아주 낮고 작다. 그 때문에 누구나 몸을 숙여야만

그 문을 쉽게 통과할 수 있다. 중요한 것은 몸을 숙이는 것은 자신을 낮추는 것이 아니라 더욱 높아지게 한다는 것이다.

내면이 훌륭한 사람은 굳이 드러내지 않아도 많은 사람이 곧 알게 된다. 이는 벼가 고개를 숙이는 이치와도 같다.

벼가 고개를 숙이는 이유는 부족해서가 절대 아니다. 가득 차고, 여물 대로 여물었기 때문이다. 설익은 벼는 고개를 절대 숙이지 않는다. 고개를 높이 치켜든 채 자만할 뿐이다. 사람 역시 마찬가지다. 자기 안에 든 것이 많은 사람일수록 고개를 숙인다. 다른 사람에게 잘 보이기 위해서, 더 크게 성공하려고 일부러 그러는 것이 절대 아니다. 거기에는 힘든 삶을 사는 사람들을 존중하는 마음이 담겨 있다. 산전수전 겪으면서 깨달은 삶의 이치이기도 하다.

교만과 아집은 자기 삶에 오점을 남길 뿐만 아니라 힘들게 쌓은 공든 탑마저 무너지게 할 수 있다. 따라서 벼가 익으면 고개를 숙이듯, 지위가 올라가고, 학문이 깊어질수록 자신을 낮출 줄 알아야 한다. 그것이 바로 자신을 높이는 가장 좋은 방법이다.

Half _ Time Messenger 19 가난한 사람들의 어머니, 마더 테레사

섬기는 사람은 위를 쳐다볼 시간이 없다

"허리를 굽혀 섬기는 사람은 위를 보지 않는다"라며 자기 몸을 가장 낮은 곳으로 낮추어 가난한 사람들에게 희망의 빛을 보여준 사람이 있다. 보통 사람은 도저히 흉내조차 낼 수 없는 자기희생을 통해 각박한 사회에 빛나는 삶의 정신을 보여주었던 그 사람은 바로 '가난한 사람들의 어머니' 마더 테레사Madre Teresa다.

살아생전 이미 '성녀'로 추앙받은 테레사 수녀는 인도 콜카타에 '사랑의 선교회'를 설립한 후 버려진 아이들과 나병 환자, 죽어가는 사람들을 돌보며 일생을 바쳤다. 그래서일까. 그녀의 사랑에 감동한 이들은 스스로 조건 없는 봉사에 참여하며 테레사 수녀 못지 않은 사랑과 감동을 사람들에게 전했다.

테레사 수녀의 본명은 '아녜저 곤제 보야지우Agnes Gonxha Bojaxhiu'로 마케도

니아 스코프예의 부유한 집안에서 태어났다. 정치인이었던 그녀의 아버지는 정치 행사에 참석한 후 암살되었는데, 이는 이후 그녀의 삶에 큰 영향을 주었다.

그녀의 신앙은 매우 각별했다. 특히 그녀는 해외에서 들려오는 선교 소식에 관심이 많았다. 그중 인도의 선교 소식이 그녀의 마음을 유독 설레게 했다. 이때부터 그녀의 마음에는 인도가 깊숙이 자리 잡았고, 결국 1928년 인도에서 수녀 생활을 시작했다. 그녀의 세례명 '테레사'는 이때 받은 것이다.

1946년 캘거타에서 다르질링으로 피정^{避靜, 일상생활에서 벗어나 성당이나 수도원 같은 곳에 가서 조용히 자신을 살피고 기도하며 지내는 일} 가던 기차에서 신의 목소리를 접한 그녀는 가난한 사람 중에서도 가장 가난한 사람들이 산다는 캘거타 빈민 거리에서 그들을 도우며 살았다. 그녀를 보호해 줄 사람은 아무도 없었다. 당시 인도는 영국의 오랜 지배에서 벗어났지만, 사회는 불안정하고 거리에는 난민과 병자, 굶어 죽는 사람이 넘쳐났다. 하지만 문제가 있었다. 인도에서 영국계 수녀회 출신 수녀는 반목의 대상이었던 것이다. 아니나 다를까 대부분 힌두교를 믿는 인도인들은 그녀가 내미는 손길을 선교의 뜻으로 오해하며 적대시했다. 이미 수녀회에서 나와 홀로 사람들 앞에 선 그녀에게 선교의 뜻 같은 것은 애당초 없었는데도 말이다. 이때부터 그녀는 검은 수녀복을 벗고 인도의 흰색 사리를 입었다. 사리는 인도 여인 중에서 가장 가난하고 미천한 사람들이 입는 옷으로, 훗날 그녀를 상징하는 옷이 되었다.

테레사 수녀는 가난한 아이들을 가르치고, 병든 사람들을 간호하며, 죽음이 임박한 이들이 조용히 죽음을 맞을 수 있는 집을 짓기도 했다. 미혼모와 고아들을 위한 집을 만들고, 나병 환자들이 모여 재활의 기회를 마련할 수 있는 마을도 만들었다. 그때부터 그녀의 헌신적인 봉사와 사랑, 나눔의 정신을 지켜본 사람들이 하나둘씩 모여들기 시작했고, 그들은 그녀를 '마더 테레사'라고 불렀다. 더러는 그녀를 '살아 있는 성녀'라고 부르기도 했다. 그러나 정작 그녀 자신은 그저 평범한 사람일 뿐이라며 돌봐야 할 사람이 있는 곳이면 그곳이 어디건 달려갔다.

이런 공로를 인정받아 1979년 노벨위원회는 테레사 수녀에게 노벨평화상을 수여했다. 하지만 이때도 연회를 열지 않고, 그 비용을 가난한 사람들을 위해 쓴다는 조건을 달고 상을 받았다. 또한, 노벨상 상금 19만 2천 달러 전액을 나환자 구호소 건설기금으로 내놓았고, 상을 받을 때도 '사랑받지 못하는, 버림받은 사람들'의 이름으로 받았다. 그만큼 자신보다는 가난하고 고통받는 사람들을 위한 삶을 살았다.

그런 그녀에게도 마지막 순간이 찾아왔다. 그녀의 임종은 그녀의 보살핌을 받은 사람들뿐만 아니라 수많은 세계인의 마음을 울렸다. 그것은 그녀의 삶이 보여준 희망과 인간에게 반드시 있으리라 믿어지는 숭고함이 저물어 가는 데 대한 깊은 애도이기도 했다.

테레사 수녀는 평소 "가난한 사람처럼 살지 않으면서 절대 그들을 이해할 수 없다"라고 입버릇처럼 말하곤 했다. 그리고 이는 그녀의 삶에서 그대로 실천되었다. 임종 당시 그녀가 가진 것이라고는 여기저기 헤져서 수선한 두 벌의 사리와 낡은 신발, 성경책, 묵주가 전부였다.

테레사 수녀는 '지금'과 '눈앞의 한 사람'에 집중했다.

"지금, 내가 할 수 있는 것을 하자. 가난한 우리 이웃들은 내일이면 이미 죽은 자가 될지도 모른다. 한 조각의 빵과 한 잔의 차가 필요한 것은 오늘이다."

나눔과 봉사, 희망은 별개의 것이 아니다. 행복은 나눌수록 커지며, 그런 삶 속에서 따뜻한 희망과 꿈이 자라는 법이다. 그런 점에서 볼 때 "나눔은 우리를 진정한 부자로 만들며, 나누는 행위를 통해 자신이 누구이며 또 무엇인지를 발견하게 된다"라는 테레사 수녀의 말처럼 지금 우리에게 가장 필요하고, 우리를 행복하게 하는 것은 돈이나 권력이 아닌 나눔과 봉사, 희망일지도 모른다.

2016년 3월, 프란치스코 교황은 테레사 수녀를 성인聖人으로 추대했다. 사후 만 20년이 안 된 상태에서 성인이 되는 것은 극히 드문 일이다. 그만큼 테레사 수녀의 삶이 우리에게 던진 울림이 크다는 방증이다.

자신의 몸을 가장 낮은 데로 낮추어 인류애에 대한 희망을 보여준 사람, 끊임없는 자기 희생으로 각박한 현대 인류사에 빛나는 사랑을 보여주었던 사람. 그래서 우리는 마더 테레사를 '성녀'라고 부른다.

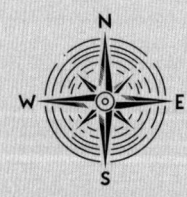

나만 옳다면서 다른 사람을 인정하지 않는 것은
제대로 비우는 것이 아니다.
비우려면 제대로 비워야 한다.
"즐거움은 비움으로부터 온다"라는 장자의 말처럼,
제대로 비워야만 더 크고 단단하게 성장할 수 있다.

LIfe is not a speed but a direction _ 20

아무것도 갖지 않을 때
비로소 모든 것을 가질 수 있다

"세상 사람들이 말하기를 죽은 사람은 돌아간 사람이라고 한다. 죽은 사람이 돌아간 사람이라면 살아 있는 사람은 왔던 길을 되돌아가는 사람이다."

중국 전국시대 도가 사상가 열자列子의 말이다. 그에 의하면, 산다는 것은 왔던 곳으로 돌아가는 과정이다. 그렇다면 우리는 지금 왔던 곳으로 다시 돌아가는 길을 걷고 있는 셈이다. 그리고 그 길의 끝에는 당연히 죽음이 있을 것이다.

장자莊子의 아내가 세상을 떠나자 친구 혜자惠子가 문상을 하러 갔다. 혜자는 아내를 잃고 슬퍼할 친구를 걱정하며 몇 가지 위로의 말을 준비했다. 그런데 장자를 본 순간, 그만 깜짝 놀라고 말았다. 슬픔에 빠져 있으리라고 생각했던 그가 조금도 슬퍼하는 기색이 없었기 때문이다. 슬퍼하기는커녕 아예 땅바닥에 퍼질러 앉아서 대야를 두드리며 즐겁게 노래하고 있었다. 기가 막힌 그 모습에 혜자는 즉시 장자를 나무랐다.

"여보게, 지금 뭐 하는 겐가? 아내의 상을 당하고도 곡하지 않는 것도 보기 좋지 않은데 대야를 두드리며 노래까지 하다니. 너무 심하지 않나?"

"왜, 꼭 울어야 한다는 말인가?"

"그럼, 자네는 아내가 죽었는데도 전혀 슬프지 않다는 말인가?"

"난들 왜 슬프지 않겠나. 몹시 마음이 아프고 슬프네. 그런데 곰곰이 생각해 보니 인간이 처음부터 살아 있지는 않았다는 걸 깨달았지. 살아 있지 않을 뿐만 아니라 형체조차 없었고, 기(氣)라는 것도 전혀 없었지. 그러다가 기가 먼저 생기고, 곧 형체가 생긴 후 비로소 살 수 있었는데, 오늘 한 사람이 죽어서 생명이 다시 사라지고 말았네. 생로병사는 봄 여름 가을 겨울 사계절 변화와 같다네. 내 아내는 그 길을 따라갔고, 왔던 곳으로 다시 돌아갔을 뿐이네. 그러니 딱히 슬퍼할 이유는 없지 않겠나?"

《장자》〈지락〉 편에 나오는 이 이야기를 통해 우리는 장자가 자연의 법칙을 통해 생명의 이치를 깨달았음을 알 수 있다.

삶을 공유했던 가까운 이들의 죽음만큼 우리를 슬프고 아프게 하는 일은 없다. 그중 가장 큰 고통은 역시 가족의 죽음이다. 사실 장자 역시 아내의 갑작스러운 죽음 앞에서 눈물을 감추지 못했다. 하지만 그것은 그의 처지에서만 생각한 것이다. 그의 아내는 처음 있었던 곳으로 되돌아갔을 뿐이기 때문이다.

세월이 흘러 장자에게도 죽음이 찾아왔다. 제자들이 거창한 장례를 준비한다는 말을 들은 그는 즉시 제자들을 불렀다.

"하늘과 땅이 내 널이 될 것이고, 해와 달이 옥처럼 비출 것이며, 별과 별자리가 구슬처럼 빛날 것이다. 온갖 것이 장례 선물이다. 모든 것이 갖추어져서 전혀 모자람이 없거늘, 무엇이 더 필요하다는 말이냐?"

한국과 중국, 일본에서 자라는 '모죽毛竹'이라는 대나무가 있다. 대나무 중에서 최고로 치는 모죽은 땅이 척박하건 기름지건 간에 씨를 뿌린 후 5년 동안은 성장에 필요한 좋은 영양분을 아무리 공급해도 눈에 띄는 변화를 보이지 않는다. 하지만 5년이 지나면 하루에 70~80cm씩 쑥쑥 자라기 시작해서 6주 후면 30m까지 자라고, 비바람 속에서도 100년을 견디며 산다. 그렇다면 처음 5년 동안은 왜 자라지 않는 것일까.

모죽에게 5년은 아래로, 아래로 뿌리를 내리며 내실을 다지는 인내의 시간이다. 땅속 깊은 곳에서 자신을 드러내지 않고 조용히 참고 기다리며 철저히 준비하는 시간인 셈이다. 그리고 그 인내와 끈기는 다른 어떤 식물보다도 빠르고 높이 자라날 힘이 된다.

아무것도 갖지 않을 때 비로소 모든 것을 가질 수 있다. 마음을 비운다는 것은 욕심을 내려놓는 것이다. 또한, 마음을 비운다는 것은 자기 내면을 들여다보는 것이자, 한없이 겸손해지는 것이다. 헛된 바람과 집착에서 벗어나서 자기 마음을 제대로 돌아보고, 마음속에 다른 사람을 위한 자리를 만드는 일이기 때문이다.

나만 옳다면서 다른 사람을 인정하지 않는 것은 제대로 비우는 것이 아니다. 비우려면 제대로 비워야 한다. "즐거움은 비움으로부터 온다樂出虛"라는 장자의 말처럼, 제대로 비워야만 더 크고 단단하게 성장할 수 있다.

무소유의 삶을 강조하며, 스스로 그런 삶을 살다 가신 법정 스님이 산문집 《무소유》를 출간한 것은 1976년 봄이다. 무엇이건, 어떤 방법을 동원해서건, 많이 갖는 것을 최고의 목표로 삼던 시대였다. 그러니 "아무것도 갖지 않을 때 비로소 모든 것을 가질 수 있다"라는 스님의 말씀은 매우 낯설뿐더러 말도 안 되는 화두였다. 하지만 맑고 아름다운 울림일수록 더 넓고 깊이 퍼지듯 몸소 무소유를 실천했던 스님의 말씀은 곧 마음이 허전한 사람들을 사로잡았고, 그 울림은 지금도 여전히 유효하다.

스님은 생의 마지막 순간에도 그것을 적극적으로 실천했다. 자신이 죽더라도 일체 장례 의식을 치르지 말고, 관과 수의를 따로 마련하지 말며, 사리를 수습하지도 말라고 당부했다. 심지어 그동안 풀어놓은 말빛 역시 가져가지 않겠다며 자신의 이름으로 출판한 모든 작품을 더는 출간하지 말기를 간곡히 부탁했다.

그렇게 해서 스님은 말년에 거처하던 오두막의 대나무 평상에서 다비식을 한 후 재는 오두막 뜰의 꽃밭에 뿌려졌다. 모든 집착에서 벗어나 아무엇도 남기지 않고, 가져가지도 않은 말 그대로 '무소유 다비식'이었다.

병이 깊어가던 2008년 5월 하안거 결제 법문에서도 스님은 '버리고 떠나기'를 거듭 강조했다.

"모든 것을 소유하고자 하는 사람은 어떤 것도 소유하지 않아야 한다. 모든 것이 되고자 하는 사람은 무엇도 되지 않아야 한다. 모든 것을 가지려면 어떤 것도 필요함 없이 그것을 가져야 한다. 버렸더라도 버렸다는 생각에서조차 벗어나라. 선한 일을 했다고 해서 그 일에 묶여 있지 말라. 바람이 나뭇가지를 스치고 지나가듯 그렇게 지나가라."

덧없는 집착과 욕심을 채우려고 밥 먹듯이 도리를 저버리고, 성대한 허례허식으로 삶의 성패를 가늠하는 풍조에 쩡쩡한 죽비를 치는 듯한 말이 아닐 수 없다.

Half _ Time Messenger 20 '무소유'의 선구자, 헨리 데이비드 소로우

하고 싶은 일이 있다면 주저하지 말고 해라

"내가 숲으로 들어간 것은 나 자신의 의지대로 살아보기 위해서다. 삶의 본질적인 문제들과 마주하면서 삶이 가르쳐주는 것들을 내가 배울 수 있는지 알고 싶었다."

미국 수필 문학의 최고봉으로 꼽히는 헨리 데이비드 소로우^{Henry David Thoreau}의 대표적 수필집《월든^{Walden, or Life in the Woods}》에 나오는 말이다. 하버드대 출신으로 마음만 먹으면 누구보다 편안하고 풍족한 삶을 살 수 있었던 소로우는 아득바득 성공하려는 세상과 지나친 소유욕이 싫어서 죽는 날까지 그럴듯한 직업 한 번 가진 적 없이 임시교사, 목수 등의 직업을 전전하며 살았다. 그런데도 하버드대의 '자랑스러운 졸업생 이름'에서 단 한 번도 빠진 적이 없다. 비록 생활은 가난했지만, 정신만은 누구보다도 풍요로웠기 때문이다.

하버드대 졸업 후 아버지의 연필공장 일을 돕던 소로우는 스물여덟

살이 되던 해 월든 호숫가에 오두막을 짓고 2년 2개월 동안 그곳에 머물며 무욕의 삶을 살았다. 사람들은 그런 그를 실패자라고 했지만, 신학자 해리슨 블레이크$^{Harrison Blake}$만은 그의 진심을 알아보고 '어떻게 살 것인가'에 대한 조언을 구하는 편지를 써 보내기도 했다. 그렇게 시작된 두 사람의 편지는 소로우가 생을 마칠 때까지 무려 13년 동안 계속되었다. 그것이 바로 《구도자에게 보낸 편지$^{Letters To A Spiritual Seeker}$》다. 블레이크가 질문하고, 소로우가 답하는 형식으로 된 이 책에는 세속적 삶에 환멸을 느끼고 다른 방식의 삶을 진지하게 고민하던 블레이크에게 소로우가 건넨 진심어린 조언이 고스란히 담겨있다.

"나는 단순함의 가치를 믿습니다. 아무리 현명한 사람도 온종일 신경 써야 하는 일이 얼마나 많습니까. 또한, 우리가 무시하는 일 중에는 매우 중요한 것도 얼마든지 있습니다. 수학자가 어려운 문제를 풀 때는 가장 먼저 불필요한 것과 꼭 필요한 것을 구분해야 합니다. 당신이 어디에 삶의 근본 뿌리를 내리고 있는지 땅속을 잘 살펴보십시오. 나는 거짓이 아니라 진실 위에 서 있겠습니다. 왜 우리는 우리 눈으로 직접 보지 않는 것일까요?"

_1948년 3월 27일, '소로우가 블레이크에게 보낸 편지' 중에서

숲속의 삶을 택한 후 소로우는 모든 것을 내려놓고 온종일 빈둥거리거나, 숲속을 지나는 사람들과 잡담을 나누면서 시간을 보냈다. 비우는 것만이 풍요로운 삶의 비결임을 깨달았기 때문이다. 그러면서 문명사회의

풍요와 더 많은 것을 가지려는 사람들의 끊임없는 탐욕을 비판했다.

세상에는 스스로 불행해지는 방법이 여러 가지 있다. 돈이나 명예에 집착하는 것 역시 그중 하나다. 돈이나 명예에 집착하면 내 삶이 아닌 다른 사람에게 보여주고 인정받기 위한 수동적인 삶을 살 가능성이 크다. 그런 삶은 절대 행복할 수 없다. 성공했는데도 머릿속에 행복이라는 단어가 자꾸 맴도는 이유는 바로 그 때문이다.

더는 쓸데없는 일에 신경 쓰며, 굳이 하지 않아도 될 일을 해가며 인생을 낭비해서는 안 된다. 오늘은 어제 죽은 사람이 그렇게 살고 싶었던 내일이기 때문이다.

행복하기 위해 '무엇'에 집착한다면, 정말 그 '무엇'을 얻을 수 있을까? 우리 삶은 우리가 생각하는 것보다 훨씬 심술궂다. 우리가 뭔가에 집착할수록 오히려 그와 반대되는 결과를 초래하기 때문이다.

삶의 목표가 있고 없고의 차이는 매우 크다. 목표가 있는 사람은 미래가 있지만, 목표가 없는 사람은 미래가 없기 때문이다. 또한, 목표가 있는 사람은 행동으로 그것을 보여주지만, 목표가 없는 사람은 언제나 걱정만 한다.

사막에 둘러싸인 아프리카의 어느 부족이 있었다. 갈수록 심각해지는 사막화로 인해 부족은 결국 삶의 터전을 옮겨야 했다. 문제는 아무리 애써도 사막에서 벗어날 수 없었다는 것. 방향을 잃고 헤매다가 다시 돌아오거나, 심한 갈증을 이기지 못해서 죽는 일만 반복했다.

그러던 어느 날, 한 학자가 북극성의 존재를 가르쳐 주었다. 북극성을 방향 삼아 사막을 벗어나면 된다는 것이었다. 그 결과, 아무리 애써도 사막에서 벗어날 수 없었던 부족은 단 3일 만에 지긋지긋했던 사막에서 벗어날 수 있었다.

그만큼 목표는 중요하다. 더는 헤매지 않고 위기에서 벗어날 수 있게 해주기 때문이다. 이는 꿀벌을 실험한 연구에서도 명확히 드러났다.

따뜻한 곳에 사는 꿀벌을 겨울이 없는 곳으로 옮겨서 한 가지 실험을 했다. 겨울이 오지 않자 꿀벌들은 꿀을 모으지 않고 게을러져서 사람들을 향해 날카로운 침을 마구 쏘았다. 날씨가 추워지기 전에 열심히 일해야 한다는 목표가 사라졌기 때문이다.

누구나 목표가 있어야만 원하는 곳을 향해 움직일 수 있다. 목표가 있으면 최선을 다해서 자신이 가고자 하는 길을 찾기 때문이다. 아울러 그 과정에서 끊임없이 자신을 단련하며 계발한다. 이와 관련해서 독일의 철학자 프리드리히 니체$^{Friedrich\ Nietzsche}$는 이렇게 말했다.

"왜 살아가야 하는지 그 이유를 아는 사람은 어떤 일도 이겨낼 수 있다."

현재 우리 삶은 수많은 선택의 결과다. 마찬가지로 오늘 어떤 선택을 하느냐에 따라서 미래 역시 바뀐다. 그래서일까. 선택 앞에서 망설이는 이들이 적지 않다. 그런 이들에게 소로우는 다음과 같은 말을 들려준다.

"하고 싶은 일이 있다면 주저하지 말고 그것을 즉시 하십시오. 마음을 불편하게 하는 의혹은 계속 품고 있어 봐야 아무런 도움도 되지 않습니다. 누구도 해줄 수 없는 일을 자기 자신에게 해주십시오. 그밖의 모든 일은 다 잊어야 합니다."

중요한 것은 생각이 아닌 행동이다. 이론가보다는 행동가가 되어야 한다. 목표를 설정하고도 행동하지 않으면, 목표는 절대 이루어지지 않는다. 가만히 앉아서 기회를 기다리지 말고 적극적으로 행동하라. 기회는 오는 것이 아니라 스스로 만드는 것이다.

세계적인 권투선수 무하마드 알리$^{Muhammad\ Ali}$는 "만약 내가 이 시합에 진다면"이라는 말을 절대 하지 않았다. 그 대신 "다음번에는"이라는 의미심장한 말을 자주 했고, 언제나 자신감으로 가득 차 있었다.

우리 역시 알리의 그런 자세를 본받아야 한다. 다른 것에는 절대 눈 돌리지 말고 오로지 목표만 바라보며 앞을 향해 나아가야 한다. 거기에 우리가 원하는 삶이 있다.

우리는 너무도 자주 두려워합니다.
우리가 할 수 없을지도 모른다는 사실에 겁을 먹고
우리가 노력하고 있다고 생각하는 사실에 겁을 냅니다.
우리는 우리 스스로 희망 한가운데 두려움을 가져다 놓습니다.
'예'라고 말하고 싶으면서도 '아니오'라고 하며

고함쳐야 할 때 조용히 앉아 있고

침묵해야 할 때 크게 소리칩니다.

두려워할 시간은 없습니다.

그러므로 당장 멈춰야 합니다.

당신이 해보지 않은 일을 하십시오.

모험하십시오, 신문사에 편지를 쓰십시오,

급여 인상을 요구하십시오, 코트에서 승자를 부르십시오,

TV를 던져버리십시오, 자전거로 미국을 횡단하십시오,

봅슬레이를 하십시오, 어떤 것이든 한 번 해보십시오,

지명타자에게 큰소리를 쳐보십시오,

언어가 통하지 않는 나라로 여행을 떠나보십시오,

특허를 신청하십시오, 그리고 그녀에게 전화하십시오.

당신에겐 잃어버릴 것이라고는 아무것도 없으며

오직 얻을 것만 있을 뿐입니다.

일단, 한 번 해보십시오.

― 〈나이키〉 신문 광고 중에서

에필로그

다른 사람이 알려주는 답이 아닌 '내면의 답'을 스스로 찾아야 한다

"몇십 년을 돌아 돌아 길을 찾았구나. 인생이란 이런 것이구나. 일찍 피는 꽃도 있지만, 늦가을에 피는 꽃도 있구나."

혼을 담아 노래하는 소리꾼, 장사익의 말이다. 그는 상고 졸업 후 보험회사를 시작으로 25년 동안 무려 열다섯 곳이 넘는 직장을 전전했다. 하지만 어떤 일을 해도 전혀 행복하지 않았다고 한다. 하나같이 가슴 뛰는 일이 아니었기 때문이다.

마흔셋 되던 해, 그는 큰 결심을 한다. 딱 3년만 하고 싶은 일에 도전해 보고 안 되면 다시 직장 생활에 전념하기로 한 것이다. 그렇게 해서 그는 하고 싶은 일에 도전했고, 늦가을 꽃처럼 활짝 피어났다.

먼 길을 돌아가는 사람일수록 자신이 무엇을 원하는지 제대로 알 뿐만 아니라 그것을 하고자 하는 열정이 가득하다. 장사익 역시 마찬가지였다. 그는 자신의 경험을 빌어 이렇게 말한다.

"조금 늦더라도 나 자신을 위해서 살아야 해요. 실패하더라도 하고 싶은 일을 하고가는 게 멋진 인생이잖아요."

너무 앞만 보고 최단 거리로만 가려고 해서는 안 된다. 때로는 돌아가는 길이 더 빠를 수도 있다. 온 힘을 다해서 겨우 목적지에 도착했지만, 그곳이 자신이 원하는 목적지가 아닌 경우도 적지 않기 때문이다. 그렇게 되면 처음부터 다시 시작해야 하는 만큼 더 많은 시간과 노력이 필요하다.

독일의 바이올린 제작 장인 마틴 슐레스케Martin Schleske는《가문비나무의 노래KlangBilder》에서 이렇게 말했다.

"바이올린의 생명은 울림이다. 바이올린 제작에 쓸 만한 가문비나무는 일만 그루 중 한 그루가 될까 말까다. 풍요로운 땅에서 나는 나무에는 울림이 적다. 고도·방위·풍향·기후·토질 등이 척박한 곳에서 울림 있는 나무들이 자란다. 역경을 견디면서 나무는 저항력을 기르고, 세포는 진동하는 법을 익힌다. 바이올린의 아름다운 울림은 공명을 다루는 데서 생겨난다. 공명은 본디 현이 균일하게 진동하는 것을 막는 위험 요소다. 공명이 없다면 바이올린을 더 쉽게 다룰 수 있겠지만, 그때 울림은 생명을 잃는다. 좋은 울림에는 언제나 대립적인 특성이 함께 들어 있다."

마틴 슐레스케에 의하면, 척박한 곳에서 비바람을 이기고 단단하게 자란 가문비나무일수록 맑고 좋은 소리를 낸다고 한다.

그것은 사람 역시 마찬가지다. 직선의 삶을 산 사람보다는 곡선의 삶을 산 사람이 훨씬 많은 울림을 준다. 하지만 여전히 많은 사람이 곡선이 아닌 직선의 삶을 살고 싶어 한다. 곡선의 미학을 말했다가는 우유부단하고 결단력 없는 사람 취급받기에 십상이다. 뭐든지 '빨리빨리' 해야만 인정받기 때문이다. 그러다 보니 자판기에서 음료가 채 나오기도 전에 손을 넣고 기다리며, 엘리베이터를 타기가 무섭게 닫힘 버튼을 누른다. 대부분 엘리베이터의 닫힘 버튼이 열림 버튼보다 색이 바랜 이유다.

방향이 정해졌다면 시간은 아무런 문제가 되지 않는다. 방향만 분명하다면 조금 돌아가도, 조금 천천히 가도 괜찮다. 중요한 것은 속도가 아니라 방향이다.

시시각각 우리 삶을 옥죄는 속도라는 망령에서 빨리 벗어나야 한다. 직선으로 대표되는 '빨리빨리'는 봐야 할 것을 볼 수 없게 할뿐더러 허탈함에 빠지게 한다.

세계 최초로 히말라야 8,000m 이상 봉우리 16좌 등정에 성공한 산악인 엄홍길 씨는 "정상에 서면 기쁨은 잠깐이고, 곧 허탈감에 빠진다"라고 말했다. 더는 오를 곳이 없기에 살아갈 이유가 사라져 버린 것 같다는 것이다. 이렇듯 더는 이룰 목표가 없다고 생각하는 순간, 심리적으로 허

무해지는 현상을 상승 정지 증후군Rising Stop Syndrome이라고 한다.

'빨리빨리'에 집착하는 사람일수록 상승 정지 증후군을 겪을 가능성이 크다. 곡선은 목적지까지 가는 데 시간은 더 걸리지만, 길에 있는 작은 돌 하나, 길섶에 있는 풀 한 포기까지 볼 수 있다. 그만큼 여유 있고, 풍요로운 삶을 즐길 수 있다. 하지만 직선은 얼핏 보기에만 좋을 뿐 밋밋하고, 여유라고는 없다. 오직 질주와 경쟁만 있을 뿐이다.

삶은 직선이 아니라 곡선이다. 목적지에 이르는 길이 너무 멀고 복잡하다고 해서, 너무 늦었다고 해서 걱정할 필요는 전혀 없다. 시간은 아무런 문제가 되지 않는다. 막히면 돌아가면 된다. 돌아갈수록 원하는 나와 만날 수 있고, 내면은 더욱더 단단해진다.

> 올곧게 뻗은 나무들보다는
> 휘어 자란 소나무가 더 멋있습니다
> 똑바로 흘러가는 물줄기보다는
> 휘청 굽이친 강줄기가 더 정답습니다
> 일직선으로 뚫린 빠른 길보다는
> 산 따라 물 따라가는 길이 더 아름답습니다.
>
> ― 박노해, 〈굽이돌아가는 길〉 중에서

법정 스님 역시 그와 비슷한 말을 했다.

"인생의 길도 곡선이다. 끝이 빤히 내다보인다면 무슨 살맛이 나겠는

가. 모르기 때문에 살맛이 나는 것이다. 이것이 바로 곡선의 묘미다."

그 말마따나, 삶은 직선도, 평지도 아닌 곡선이다. 멀고, 험할뿐더러 오르막과 내리막의 연속이다. 괜히 인생을 마라톤에 비유하는 것이 아니다. 달리다가 넘어져도 다시 일어나서 가고자 하는 곳을 향해 다시 뛰어야 한다.

중요한 것은 속도가 아닌 '방향'이다. 삶의 방향이 분명하면 온 삶이 분명해지지만, 삶의 방향이 분명하지 않으면 온 삶이 불안해지고 문제투성이가 되고 만다. 그런데도 많은 사람이 자신이 왜 달리는지, 어디를 향해 가는지도 모른 채 무조건 빨리 가려고만 한다. 확실한 방향도 정하지 않은 채 무작정 달리려고만 하는 셈이다.

방향을 잘 잡으려면 잠시 멈춰 서서 자신에게 물어봐야 한다. 그렇게 해서 다른 사람이 알려주는 답이 아닌 '내면의 답'을 스스로 찾아야 한다. 그래야만 자신이 원하는 삶을 향해 나아갈 수 있다.

속도라는 허망에서 이제 그만 벗어나라. 조금 늦더라도 자신이 원하는 삶을 향해 천천히, 포기하지 말고 끝까지 가야 한다. 삶은 속도가 아니라 방향이다.

삶은 직선이 아니라 곡선이다.
시간은 아무런 문제가 되지 않는다.
막히면 돌아가면 된다.
돌아갈수록 원하는 나와 만날 수 있고,
내면은 더욱더 단단해진다.

삶은 속도가 아니라 방향이다
쉼 없는 분주함 속에서 미처 깨닫지 못했던 소중한 것들

발   행 | 2025년 3월 31일

지은이 | 수 영 · 전 성 민

펴낸이 | 옥 경 석
편집장 | 황 영 주
편   집 | 임 승 경
디자인 | 윤 서 빈

주식회사 에이콘온
서울특별시 양천구 국회대로 287 (목동)
전화 02-2653-7600, 팩스 02-2653-0433
www.acornpub.co.kr / editor@acornpub.co.kr

Copyright ⓒ 주식회사 에이콘온, 2025, Printed in Korea.
ISBN 979-11-9440-923-6
http://www.acornpub.co.kr/book/life_message

책값은 뒤표지에 있습니다.